本书获上饶师范学院学术著作出版基金资助

本书为"江西省基础教育课题"研究成果，课题名称：混合学习视角下基于POA产出导向法的高中英语写作教学行动研究，立项编号：SZUSYYY2024-1160

高校英语教育在互联网中的实践与创新探索

吴立溪　著

吉林人民出版社

图书在版编目（CIP）数据

高校英语教育在互联网中的实践与创新探索 / 吴立溪著. -- 长春：吉林人民出版社，2024.4. -- ISBN 978-7-206-21019-8

Ⅰ．H319.3

中国国家版本馆CIP数据核字第2024BQ5618号

高校英语教育在互联网中的实践与创新探索
GAOXIAO YINGYU JIAOYU ZAI HULIANWANG ZHONG DE SHIJIAN YU CHUANGXIN TANSUO

著　　者：吴立溪	
责任编辑：王　丹	封面设计：谢少红

吉林人民出版社出版 发行（长春市人民大街7548号）　邮政编码：130022

印　　刷：河北万卷印刷有限公司	
开　　本：710mm×1000mm	1/16
印　　张：10.75	字　　数：150千字
标准书号：ISBN 978-7-206-21019-8	
版　　次：2024年4月第1版	印　　次：2024年4月第1次印刷
定　　价：68.00元	

如发现印装质量问题，影响阅读，请与出版社联系调换。

前言 Preface

　　互联网的迅速发展对高等教育，特别是高校英语教育，带来了深刻的影响和变革。这种影响不仅体现在互联网思维向传统教育领域的渗透上，也反映在高等教育改革的新方向上。进一步探索高校英语教育在互联网环境下的发展现状和发展方式，成为教育领域的一项重要任务。这不仅涉及如何利用互联网技术促进教学方法的创新，还包括如何在互联网时代培养学生的自主学习能力、批判性思维能力和跨文化交际能力，同时需要考虑如何构建有效的在线评价和反馈机制以及如何确保教学资源的公平分配。本书立足于互联网时代的发展背景与发展基础，从多个维度分析了互联网环境下高校英语教育的创新理念与创新实践，深入探讨了互联网与教育行业的融合，可作为高等教育改革发展的重要参考。

　　本书由八个章节组成。第一章对高校英语教育的基本内涵进行了深入解析，从理论支撑、主要内容到常见方法，全面展示了传统高校英语教育的理论框架和实践模式。这为理解互联网对英语教育产生的影响提供了基础。第二章聚焦于互联网及其在教育领域的应用。通过回顾互联网的产生与发展，我们可以更好地理解互联网教育的概念及其发展过程，从而为进一步探讨互联网如何改变高校英语教育奠定基础。第三章深入探讨了互联网环境下高校英语教育的具体实践，其中包括互联网对高校英语教育的影响、教育目标的重新定位、教学原则的调整、存在的优势以及面临的挑战。特别地，本章关注了互联网时代下学生学习主体性的凸显和教学方法的创新。第四章则聚焦互联网环境下的高校英语教育理念，包括自主学习教育理念、项目式学习教育理念、体验式学习教育理念等的探讨。这些新型教育理念的引入，不仅推动了教学方法的创新，也促进了学生能力的全面发展。第五章讨论了互联网环境下的高校英语教育模式，包括慕课教学模式、微课教学模式和混合教学模式。这些模式的探索与实践，显示了互联网技术在教育领域的广泛应用以及对传统教学模式的颠覆与重构。第六章和第七章分别关注了互联网环境下高校英语知识教学和技能教学的创新实践。从词汇、语法到听力、口语、阅读、写作和翻译，每部分都详细探讨了如何利用互联网资源和工具创新教学方法，提升教学效果。第八章专注于互联网环境下高校英语教师的专业发展。在这个新的教学环境中，教师的角色和所应具有的素质发生了变化，本章对这些变化进行了深入的分析，并提出了教师专业发展的具体路径。

　　总体而言，本书的目标是为读者提供一个全面的视角，以理解互联网时代下高校英语教育的变革和发展。随着互联网技术的不断进步，高校英语教育必须适应这一变化，采纳创新的教学理念和方法，以满足新时代教育的需求。通过本书的阅读，教育工作者、相关研究人员可以获得更多启发，有利于对高校英语教育的未来发展进行更深入的思考和探索。

目录 Contents

第一章　高校英语教育 / 001

　　第一节　高校英语教育的内涵解析 / 001

　　第二节　高校英语教育的理论支撑 / 006

　　第三节　高校英语教育的主要内容 / 013

　　第四节　高校英语教育的常见方法 / 019

第二章　互联网与互联网教育 / 033

　　第一节　互联网的定义与内涵 / 033

　　第二节　互联网的产生与发展 / 038

　　第三节　互联网教育的定义与内涵 / 046

　　第四节　互联网教育的产生与发展 / 050

第三章　互联网环境下的高校英语教育 / 056

　　第一节　互联网环境下高校英语教育的目标 / 056

　　第二节　互联网环境下高校英语教育的原则 / 061

　　第三节　互联网环境下高校英语教育的创新 / 066

　　第四节　互联网环境下高校英语教育的挑战 / 073

第四章　互联网环境下的高校英语教育理念 / 077

第一节　自主学习教育理念 / 077

第二节　项目式学习教育理念 / 086

第三节　体验式学习教育理念 / 090

第五章　互联网环境下的高校英语教育模式 / 099

第一节　慕课教学模式 / 099

第二节　微课教学模式 / 105

第三节　混合教学模式 / 109

第六章　互联网环境下高校英语知识教学创新实践 / 116

第一节　互联网环境下高校英语词汇教学创新实践 / 116

第二节　互联网环境下高校英语语法教学创新实践 / 121

第七章　互联网环境下高校英语技能教学创新实践 / 125

第一节　互联网环境下高校英语听力教学创新实践 / 125

第二节　互联网环境下高校英语口语教学创新实践 / 130

第三节　互联网环境下高校英语阅读教学创新实践 / 136

第四节　互联网环境下高校英语写作教学创新实践 / 141

第五节　互联网环境下高校英语翻译教学创新实践 / 144

第八章　互联网环境下高校英语教师的专业发展 / 149

第一节　英语教师专业发展概述 / 149

第二节　互联网环境下高校英语教师的角色与素质 / 153

第三节　互联网环境下高校英语教师专业发展的路径 / 155

参考文献 / 161

第一章　高校英语教育

第一节　高校英语教育的内涵解析

高校英语教育涵盖了高等教育中英语的教学、学习、应用和研究，其目标不仅仅是语言知识的传授，更强调语言技能的培养、跨文化交际能力的提升以及批判性思维能力的发展。在不同历史时期，高校英语教育的发展历程和现状显示出明显的时代特征与社会需求的变化。

一、高校英语教育的发展历程

（一）20世纪五六十年代

1. 英语教育的相对边缘化

在20世纪五六十年代，中国的英语教育并未得到充分重视。受当时国家政策和外交方面的影响，俄语是主要的外语教学语种。这种外语教学的偏向直接导致了英语教育的边缘化。由于受重视程度不够，英语教学在高校中的地位相对较低，资源和人才投入有限，这直接影响了英语教育的质量和发展。

2. 英语教师资源的短缺

在20世纪五六十年代，由于国家政策的引导，大量英语教师转而学习和教授俄语。这种语言转换在短期内造成了英语教师资源的急剧缺乏。即便是在20世纪70年代末期，当英语教育重新得到重视时，这种人才短缺的问题仍然突出。多年的俄语教学和研究导致许多教师失去了教授英语的能力，无法满足英语教育的需求。这一时期英语教育的振兴面临着严峻的师资挑战。

（二）20世纪七八十年代

1. 科技英语的兴起与挑战

20世纪60年代末至70年代，中国高校英语教育面临一个重要的转折点。这一时期，国内外科技交流日益频繁，导致高校英语教育开始重视专业科技英语的教学。各种专业领域的英语课程如"机械英语""电工英语""农业机械英语"应运而生，目的是让学生能够更加专业地掌握科技英语，以便于他们未来在科技领域与国际同行进行有效的沟通。然而，由于科技英语教材的编写过于仓促，缺乏系统性，加之学生英语基础薄弱，科技英语教学效果并不理想。这种模式的科技英语教学最终未能成为主流。

2. 新教材的引入与教学大纲的修订

1980—1982年，中国高校英语教育迎来了新的发展。这一时期，两套有影响力的英语教材——《英语（理工科通用）》和《英语教程（理工科用）》的出版，标志着高校英语教育的一个重要转变。这两套教材不仅注重培养学生的阅读能力，而且强调提高学生的语言实践能力，包括听、说、读、写等方面。1982年成立的公共外语教学研究会及其随后的教学大纲修订工作，进一步推动了高校英语教育的发展。这些改革和调整不仅总结了以往的教学经验，也融合了国际上的语言教学和研究成果，为提升中国高校英语教育质量提供了重要的指导和参考。

3. 多样化的教材选择与统一的考试制度

1986年之后，根据新教学大纲，多套新的高校英语教材，如《大学英语》《新英语教程》《现代英语》等出版了，这些教材的出版极大地丰富了高校英语教材的种类，并且推动了教育的多样化和灵活性。1985—1986年公布的两份教学大纲，不仅促进了高校英语教育的发展，也将全国性的高校英语四、六级考试纳入正式的教学计划。这一举措既为高校英语教育提供了统一的评价标准，也为社会评估学生英语水平提供了重要依据。

1987年，全国高校英语四级考试的首次实施和1989年六级考试的开始，标志着中国高校英语教育进入一个新的阶段。这两项考试不仅为评估和认证学生的英语水平提供了统一标准，而且在社会上也成为衡量大学生英语能力的重要参考。高校英语四、六级考试的实施，无疑加强了学生对英语学习的重视，也促进了整个社会对英语教育的关注和支持。

（三）20 世纪 90 年代

1. 教学大纲的修订与更新

20世纪90年代，高校英语教育进入一个新的发展阶段，特别是教学大纲的修订工作。1994年在大庆市召开的全国大学英语教学研讨会和1996年"面向21世纪的大学英语课程教学内容与课程体系改革研究与实践"项目组设立以及随后的工作会议，都体现了教育部门对高校英语教育内容和课程体系转型的重视。这一时期，教育界专家进行了广泛的调研和探讨，致力于将高校英语教育内容与21世纪的需求相适应。修订后的《大学英语教学大纲（修订本）》不仅反映了时代的变化，也体现了教育的前瞻性和创新性。

2. 多媒体和信息技术的融入

这一时期高校英语教育的另一个显著特点是多媒体和信息技术的广泛应用。1997年全国大学英语多媒体课件研讨会召开和随后的发展计划，显示出教育界对技术在语言教学中作用的认识。这一时期，计算机辅助语言学习（Computer Assisted Language Learning, CALL）开始流行，多媒体教学方法的采纳极大地丰富了教学手段和学习资源，也提高了教学的效率和趣味性。

3. 高校英语四、六级考试的改革

20世纪90年代末期，全国高校英语四、六级考试进行了改革。1999年，全国部分城市开始实行高校英语四、六级口语考试，这一变化体现了高校英语教育对听说能力的重视以及对英语综合运用能力考核的全面性。这一改革不仅提高了学生的实际英语运用能力，也使英语人才更加符合社会的实际需求。

（四）进入 21 世纪

1. 高校英语教育的全球化适应与改革

21 世纪初，随着经济全球化进程的加快，中国与世界的联系日益紧密，尤其是 2001 年中国成功加入世界贸易组织（World Trade Organization, WTO）和北京成功申办 2008 年奥运会，这些重大事件促使我国高校英语教育进行转型。为了适应这种新形势，教育部采取了一系列政策措施。这些政策措施的实施，旨在提升我国高校英语教育质量，使之更符合国际化的要求。

2. 信息技术在高校英语教育中的应用

2002 年，我国高校英语教育领域首次将现代信息技术应用到网络课程中，开启了高校英语教育与信息技术融合的新篇章。这一变革不仅改善了教学方法，也增强了教学资源的多样性和互动性。信息技术的引入使得英语学习更加灵活和便捷，同时提高了学生的学习兴趣和参与度。

3. 高校英语教育转型的启动与实施

2003 年，教育部正式成立了大学英语课程教学要求项目组，随后预备会议和试点工作陆续开展，标志着高校英语教育的全面转型。这些改革旨在提高英语教学的整体质量和学生的实际应用能力，促进高校英语教育快速转型。此后，教育部对试点高校的选定和《大学英语课程教学要求》的制定，都体现了对高校英语教育质量提升的重视。

二、高校英语教育的现状分析

（一）现实成就

1. 教学体系的完善和创新

随着改革开放政策的实施，中国高校英语教育体系经历了前所未有的变革和发展。在教学理念上,高校开始强调以学生为中心,从传统的教师讲授式教学模式转变为更加注重学生参与和实际应用的教学方法。交际教学法、任务型教学法等现代教学方法的引入,打破了传统的语法翻译教学模式,使得教学内容更加生动实用,更加贴近实际生活,有效地提高了学生的语言交际能力。任务型教学法通过设计贴近实际生活或专业背景的任务,激发学生的学习兴趣,培养学生的问题解决能力和团队合作精神,同时促进了学生批判性思维能力的提升。这些创新的教学理念和方法,不仅增强了学生的学习动力,还为学生提供了更多实践的机会,从而大大提升了学生的英语综合应用能力。

2.教学资源的丰富

互联网技术的快速发展为高校英语教育带来了革命性变化。数字化教学资源,如在线教育平台、电子教材、网络课程等,成为英语教学的重要辅助工具。学生可以根据自己的学习节奏和兴趣选择适合自己的学习资源。无论通过在线课程学习最新的英语学术研究成果,还是通过电子教材提升语言技能,抑或通过参与在线讨论提高交际能力,学生都能在这个过程中获得个性化的学习体验。此外,网络教学的互动性和及时反馈机制极大地提高了教学效率与学习效果。通过这些丰富的教学资源,学生的视野得到拓宽,知识获取渠道更加多元化,为终身学习和自主学习能力的培养奠定了坚实的基础。

3.国际交流与合作的加强

改革开放以来,中国高校在国际交流与合作方面迈出了坚实的步伐。通过邀请外籍教师来华授课,派遣中方教师和学生出国交流学习,高校极大地丰富了教学内容和教学视角,提高了师生的跨文化交际能力,拓宽了国际视野。这种国际化的教育环境,使学生能够直接接触到不同文化背景下的英语使用环境,更好地理解语言在不同文化中的运用,从而提升学生的语言学习兴趣和学习效率。同时,国际合作项目和国际学术交流活动的增多,为学生提供了跨国交流和合作的机会,不仅有助于提升学生的学术研究能力,也为学生未来的国际化职业生涯发展奠定了基础。

4.英语专业的发展与创新

随着经济全球化的推进和国际交流的加深,英语专业在高校中的地位日益重要。课程体系不断完善,研究领域持续拓展,学术研究水平显著提高。高校英语专业不仅增加了语言学习的深度,还拓宽了语言学习的广度,如引入跨文化交际、第二语言习得、语言测试等新兴领域,满足了社会对高素质英语人才的需求。同时,为适应国际化教育的需求,一些高校创新实施双语教学和全英文授课,提升学生的英语听说读写能力,为学生提供了更多接触国际前沿学术资源的机会,极大地提高了学生的国际竞争力。这些创新举措不仅提升了英语专业的教学质量和学术水平,也为英语教育的持续发展注入了新的活力。

(二)主要挑战

高校英语教育领域当前面临的挑战主要集中在教学模式改革、教学评价方式单一以及双语或全英语教学实施中面临的现实困境。尽管双语教学模式被许多院校推崇,但在实际执行中遭遇了专业知识传递与英语语言能力不匹配的问题,不仅降低了教学质量,还加大了学生的学习负担。同时,评价方式单一,忽略了对学生语言实践能力、团队协作和创造力的考察,这不仅限制了学生能力的全面发展,也影响了教育质量的全面提升。因此,高校英语教育亟须创新教学模式,构建多元化的评价体系,以更好地适应当代教育的需求,促进学生英语能力的全面提高。

第二节 高校英语教育的理论支撑

在互联网时代,高校英语教育的形式和内容都发生了显著变化。这种变化不仅给教师的教学方式带来了新的挑战,也为学生提供了更加丰富的学习体验。高校英语教育要求教师能够有效地指导学生掌握现代英语学习的核心方法，并促进他们的英语思维能力，同时要求教师创新教学模式，激发学生的认知能力、创造力和探索精神，使学生在学习过程中感受到乐趣和成就感。创新教学模式需要教师选择合适且有效的教学理论来支持，以确保教学效果最大化。

一、人本主义理论

人本主义理论兴起于20世纪五六十年代，是在反对以"知识为中心"的传统教学思想基础上，根据"以人为本"的教育理念而提出的"以学生为中心"的教学思想。人本主义理论在教学上体现为以下几个方面。

（一）有意义的自由学习观

人本主义理论认为，学生应在一个自由而有意义的环境中学习。这种环境鼓励学生自主探索、发现并构建知识，而非仅仅接受被动式的知识灌输。教师的角色是激发学生的学习兴趣，提供必要的支持和引导，帮助学生在自由探索中发现和实现自己的潜能。在这种教学模式下，学生的学习不再是对固定知识的简单吸收，而是通过对知识的深入理解和应用完成自我价值的实现。

（二）学生中心的教学观

人本主义理论强调学生在学习过程中的主体地位。在这种教学模式下，教师不再是知识的唯一来源和权威，而是学生学习过程中的合作伙伴和引导者。教师应关注学生的需求和兴趣，鼓励学生积极参与到学习中，通过各种教学活动激发学生的探究欲望和创造力。同时，教师应注重学生情感的培养，帮助他们建立积极的自我认知和情感态度。

（三）知情统一的教学目标观

人本主义理论认为，知识的学习和情感的发展是教育的两个不可分割的方面。教育的目标不仅仅是传授知识和技能，更重要的是培养学生成为具有独立思考能力和良好人际关系的个体。这要求教师在设计课程和教学活动时，不仅要关注学生的认知发展，还要关注他们的情感和社交技能的培养，使他们成为适应社会变化和终身学习的全面型人才。

二、建构主义理论

在当前高校英语教育中，建构主义教育理念显得尤为重要。这种理念认为，知识并不是简单地通过教师的讲授获得，而是学生在他人引导和自我探索的过程中主动构建的。这一过程强调学生的主体性，将学习视为一种社会互动和认知体验的过程，其中学生、同伴、教师和外部专家共同构成了一个学习共同体。在这个共同体中，每个成员都是学习资源的一部分，共同参与知识的建构和意义的创造。教师在这个过程中扮演的角色更像一个引导者或助产士，帮助学生在交互中发现和构建知识。

建构主义理论的核心观点可以概括为学习的主动构建性、构建主义中的社会互动性和学习的情景依赖性。这一理论认为，知识是动态的，随着人类认知的进步和环境的变化而不断演进与重新创造。学习被视为个体根据自己的经验和当前情景主动构建知识的过程，而非被动接受事实的过程。建构主义理论强调学习的非线性特性，重视学习环境的具体性和社会性交互以及这些因素之间的相互作用和影响。

（一）学习的主动建构性

建构主义理论认为，学习是一个主动的知识建构过程。学生在学习中不是被动地接收信息，而是主动地在其已有知识和经验的基础上建构新的认识与理解。这一过程特别强调学生的主体性和积极参与。在互联网时代的高校英语教学中，这意味着学生在自我驱动下，探索和构建与英语学习相关的知识，形成自己的认知结构。这种自主学习模式促使学生从实际情景中提取和整合信息，通过主动思考和探索，深入理解英语语言和文化。

（二）建构主义中的社会互动性

建构主义理论强调学习是一种社会互动的过程。这一理论在现代高校英语教学中尤为明显，体现在学生通过互动与协作来促进思维的发展和观念的形成。在这一过程中，教师并不是单纯的知识传递者，而是合作学习的引导者和协调者。学生在与他人的交流和合作中，能够更加深入地理解和消化新知识，同时培养批判性思维和创新能力。在这种教学模式下，学生被鼓励以开放的态度探讨问题，分享观点，从而在多维度交流中形成个性化的理解和认知。

（三）学习的情景依赖性

建构主义理论认为，学习是在具体的社会文化情景中进行的。这意味着学习过程与学生所处的环境紧密相关。在高校英语教学中，这表现为将学习内容与学生的现实生活、文化背景和个人兴趣相结合。通过将学习材料与学生的实际生活经验相关联，教师能够更有效地促进学生的学习兴趣和动机。同时，这种情景化学习使得知识更加贴近实际，有助于学生在真实环境中运用所学知识，从而提高学习的实用性和有效性。

三、多元智能理论

多元智能理论是由美国心理学家、哈佛大学教育学教授霍华德·加德纳（Howard Gardner）于 1983 年提出的。这一理论的主要观点是智能不是一个单一的、固定的量，而是多种不同能力的集合。这一观点挑战了传统的智商测试方法，强调了个体在不同领域的独特能力。霍华德·加德纳最初提出了七种智能类型，后来增加了第八种。

（一）语言智能

语言智能是指个体理解语言、使用语言进行有效沟通和表达思想的能力。这不仅包括口头和书面语言的使用，还涉及能够理解和使用复杂的语言表达手法，如幽默、隐喻、象征等。具有高度发展的语言智能的人通常在阅读、写作、讲故事、解释和说服方面表现出色。他们能够有效地通过语言来表达自我、沟通思想和感情。

（二）逻辑—数学智能

具有强烈逻辑—数学智能的个体往往在数学、物理学、计算机科学等领域表现出色，他们能够轻松地理解数学概念、公式并进行逻辑推理。这种智能使个体能够在进行复杂的数学计算时保持高度的准确性和效率。逻辑—数学智能不仅局限于数学领域，在日常生活中，这种智能也发挥着重要作用。例如，当处理预算、进行时间管理或解决逻辑谜题时，强大的逻辑—数学智能能够帮助人们更有效地进行思考和决策。在教育和学习中，逻辑—数学智能的发展至关重要。教师提供各种解决问题的机会、逻辑游戏和挑战，可以有效地刺激和提高学生的这种智能。

（三）空间智能

空间智能是指个体在三维空间中感知、理解和操作对象的能力。具有这种智能的人通常在空间关系、图形感知和图像想象方面有出色的表现。他们能够在脑海中构建复杂的三维图像，并对其进行旋转、转换和操作。这种能力使得他们在建筑、工程、艺术、设计和航海等领域具有优势。在教育领域，发展学生的空间智能可以通过各种视觉和空间活动来实现。例如，绘画、雕塑、建模、地图制作和视频游戏设计都是培养空间智能的有效方法。通过这些活动，学生可以学习如何解释和利用空间信息，提高他们的视觉思维和创造力。

（四）身体—动觉智能

身体—动觉智能反映了个体通过身体语言、肢体动作来表达自己的能力。这种智能的高度发展使得个别人群能够以精准和优雅的身体动作来完成复杂任务。例如，舞者能够通过舞蹈动作传达情感和故事。身体—动觉智能还体现在日常生活中的多种活动上，如运动、舞蹈、表演艺术和手工艺。人们通过身体表达自己的想法和感受，与他人进行非语言交流。在教育领域，体育活动、戏剧表演、舞蹈等实践活动，可以有效地培养和提升学生的身体—动觉智能。

（五）音乐智能

音乐智能涉及对音乐的理解、创作和表达。这种智能是指对音调、节奏、音色和音乐结构的深刻理解以及通过音乐进行情感和思想交流的能力。具备音乐智能的人不仅能欣赏和解读音乐作品，还能创作和演绎音乐。音乐智能的发展对个体的情感、认知和社会发展都有积极影响。音乐不仅是一种艺术形式，也是一种沟通和表达的工具。作曲家、歌唱家和指挥家等专业人士在这方面有着突出的能力。同时，音乐教育对于非专业人士同样重要，它可以促进情感表达以及创意思维、社交技能的发展。

（六）人际智能

人际智能是指理解和与他人有效交流的能力，这包括感知他人情绪、意图、动机和愿望的能力。具有高人际智能的个体通常善于理解和管理人际关系，能够有效地与他人沟通和协作。在职业领域，如教育、管理和社会工作等职业，这种智能尤为重要。这些领域的专业人士需要能够理解和回应不同个体的情感与行为模式，建立信任和支持的关系。

在日常生活中，社会交往、团队合作和领导力也都依赖于人际智能。通过有效的沟通、同理心和协作能力，个体可以在各种社会环境中建立积极的人际关系，提高团队效率和社会适应能力。在教育领域，培养学生的人际智能有助于他们的社会交往的发展和情感健康。

（七）内省智能

内省智能反映了个体对自己内心世界的深刻理解和分析能力。这种智能使个体能够对自己的情感、想法、信念、愿望和梦想有更深入的自我认知。具有高度内省智能的人往往在自我反思和自我意识方面表现出色，能够从内心深处理解自己的动机和情感反应以及这些因素如何影响他们的行为和决策。

内省智能还与个人的心理健康和自我发展紧密相关。它促进个体对自身的持续改进，使他们能够更有效地应对生活中的挑战和变化。在教育领域，内省智能的培养有助于学生发展更强的自我管理能力、情绪调节技能以及个人目标设定和实现的能力。日记写作、自我反思活动等，可以有效地提升内省智能，从而提高个体的自我认识和自我调整能力。

（八）自然观察者智能

自然观察者智能体现了个体与自然界的互动能力，包括对动植物、地质、天文等自然现象的观察、理解和分类能力。这种智能让人能够深刻理解自然界的规律和现象，对环境有高度的敏感性和认识能力。具备这种智能的人往往对自然界充满好奇心，善于运用观察和实验方法来探索与解释自然现象。

在专业领域，如生物学、地质学、环境科学和农业科学等，自然观察者智能尤为重要。这些领域的专家能够识别和分类各种自然元素，理解其生态关系和环境影响，从而做出科学的判断和决策。在教育上，培养学生的自然观察者智能可以增强他们对自然界的尊重和保护意识，激发他们对科学探索的兴趣。户外教学、实地考察和实验室研究等活动，可以有效提升学生的自然观察者智能，培养他们的环境意识和科学探究能力。

四、多媒体学习认知理论

（一）基本假设与理论框架

多媒体学习认知理论是建立在三个基本假设之上的科学体系：双重通道假设、容量有限假设和主动加工假设。双重通道假设认为，人类拥有两个独立的信息加工通道：一个用于处理视觉材料（如图像、文字），另一个用于处理听觉材料（如语言）。这意味着人们虽然可以同时处理视觉和听觉信息，但每个通道的处理能力是独立的。容量有限假设强调，在任何给定时间，每个通道能处理的信息量是有限的，这意味着过多的信息会导致认知负荷，影响学习效果。主动加工假设指出，有效的学习需要学生积极参与认知加工过程，包括选择（从感知记忆中挑选关键信息）、组织（将选择的信息构建成连贯的心理表征）和整合（将新信息与长期记忆中的知识结合）。

（二）学习科学与应用

在学习科学领域，多媒体学习认知理论的应用旨在提升学习效果。这包括设计能够有效利用双通道和控制信息量以适应认知容量的学习材料。例如，合理的文本与图像组合可以帮助学生更好地处理和理解复杂概念。同时，多媒体学习认知理论强调学生在学习过程中的主动角色，鼓励他们进行深度处理，如通过思维导图或其他组织工具整理学习内容，以及通过情境模拟、实例分析等方式将新信息与现有知识结合起来。在教学应用方面，多媒体学习认知理论为教育工作者提供了一套指导原则，这些指导原则有助于他们设计和实施更有效的教学策略，如巧妙地运用多媒体工具来促进学生的主动学习和深度理解，同时避免认知过载，确保学习材料既吸引人又易于理解。

第三节 高校英语教育的主要内容

教学内容在教育过程中起着至关重要的作用，它是教师和学生之间交流与学习的核心。教学内容包括一系列的知识元素，如知识、技巧、技能、思想、概念和事实等，这些内容共同构成了教学的基本材料。这些内容不仅仅是语言知识，更是一种经过精心设计的知识系统，旨在实现特定的教学目标。

一、语言知识

在高校英语教育中，语言知识的掌握是至关重要的。这不仅包括基本的词汇、语法、句型和短语，还涉及更深层次的语言运用能力，如语篇理解、语言结构分析和语用功能。语言知识的广度和深度直接影响学生的英语能力水平，是学生能够有效沟通和理解英语内容的基础。高校英语教育应着重加强学生对语言知识的学习与掌握，包括词汇量的积累、语法规则的理解、句型的运用、语音的准确发音以及词义和语境的准确把握。这些知识的学习和掌握是英语学习者提升听、说、读、写各方面能力的基石。特别是，在英语为第二语言的环境中，强调语言知识的学习对于提高学生的语言运用能力至关重要。

二、语言技能

在高校英语教育中，除了基础的语言知识，语言技能的培养也是至关重要的。这些技能包括听力技能、口语技能、阅读技能、写作技能以及翻译技能。每项技能都有其独特的作用和重要性，它们共同构成了学生综合语言运用能力的核心。

（一）听力技能

听力技能在高校英语教育中占有重要地位，它涉及理解英语口语信息的基本能力。这不仅包括对日常对话的理解，还包括对学术讲座、新闻报道、电影和电视节目等不同形式的口语材料的理解。学生需要适应各种口音和语速，从而能够在不同的语境和背景下理解英语信息。此外，听力技能也涉及对英语听力材料中隐含信息的理解，如通过语调、语气和上下文来理解说话人的意图与情感。

（二）口语技能

口语技能是英语学习中不可或缺的一部分，涉及学生用英语进行有效沟通的能力。这包括但不限于日常会话、公共演讲、学术交流和商务谈判等不同交际情境。学生需要清晰、流利地表达自己的想法，同时能够在对话中做出适当的反应和调整。此外，口语技能还包括对非言语交际元素的理解和使用，例如，肢体语言、面部表情和语调变化，这些都是有效口语交流的重要组成部分。

（三）阅读技能

阅读技能是高校英语教育的核心组成部分，它涉及理解和分析英语书面材料的能力。学生需要理解各种类型的文本，如新闻报道、小说、诗歌、剧本、学术文章和专业论文等。阅读技能不仅涉及对字面意义的理解，还包括对作者的观点、论证方式和写作风格的理解。此外，高阶的阅读技能还包括批判性阅读，即能够评估和分析文本的内容、结构与观点，以及在不同文化和学科背景下对文本进行深入理解与评价。

（四）写作技能

写作技能在高校英语教育中扮演着至关重要的角色，它不仅是语言表达的一种形式，也是思维能力和创造力的体现。写作技能包括以下多个层面的内容。

（1）写作技能要求学生具备良好的语法和句法知识，以确保书面表达的准确性。

（2）写作技能涉及组织和结构的逻辑性，能够清晰地表达主题和论点，合理安排文章结构。

（3）在英文写作中，内容的丰富性也十分重要，学生应提供充足的论据和详细的描述，以支撑其观点和思想。

（4）写作技能包括学生对文风和格调的掌握，也就是说，学生写出来的文章不仅要信息丰富，而且要风格独特，富有吸引力。

（五）翻译技能

翻译技能是高校英语教育中的一个重要方面，它要求学生能够在两种语言之间准确、有效地转换信息和意义。翻译技能不仅涉及语言的直接转换，还包括对原文文化背景和语境的理解，确保翻译的准确性和地道性。良好的翻译还需要考虑目标语言的风格和习惯，使翻译结果既忠实于原文，又符合目标语言的表达习惯。高水平的翻译技能还应包括对原文的批判性理解和创造性转换，即译文能够在保持原文精神的同时，适应目标语言读者的阅读习惯和文化背景。

三、情感态度

所谓情感态度，是指兴趣、动机、意志和合作精神等影响学生英语学习过程与学习效果的相关因素，还有学生在学习过程中逐渐形成的爱国意识和国际视野。

（一）兴趣和动机的激发

情感态度在高校英语教育中占据重要位置，其中兴趣和动机是学生学习英语的主要驱动力。兴趣是学生对英语学习主题的内在吸引，它能够激发学生的好奇心和探索欲，使学生在学习过程中感到愉悦和满足。动机则是推动学生持续学习和努力的内在动力，包括对英语学习成果的期望和目标的追求。兴趣和动机的结合，能够有效促进学生在英语学习中的积极参与和深入探究，帮助他们克服学习中的困难和挑战，从而提升学习效率和成效。

（二）意志力和合作精神的培养

意志力是学生在面对学习挑战时表现出的坚持和毅力。它涉及学生对自己学习目标的承诺以及在遇到困难和挫折时不轻易放弃的决心。在高校英语教育中，培养学生的意志力是十分重要的，因为英语学习是一个长期而复杂的过程，需要学生持续地努力和持久地关注。此外，合作精神也是高校英语教育的关键组成部分。高校英语学习不仅仅是个人努力的结果，更是团队合作的成果。通过团队合作学习，学生不仅可以共享资源和知识，还可以在互助中提高沟通能力和团队协作能力，这对于他们未来在国际化环境中的交流与合作具有重要意义。

（三）爱国意识和国际视野的形成

爱国意识和国际视野是高校英语教育中的两个重要方面。爱国意识是指学生对本国文化、历史和价值观的认同与尊重，这对于培养学生的国家认同感和文化自豪感至关重要。同时，在经济全球化背景下，培养学生的国际视野同样重要。国际视野涉及对不同文化、价值观和社会规范的理解与尊重，能够帮助学生更好地适应经济全球化的环境，有效进行跨文化交际与合作。通过学习英语，学生不仅能够掌握一门国际通用语言，还能够了解和欣赏不同国家的文化，从而拓宽视野，形成更加开放和包容的世界观。

四、文化意识

在高等教育中，英语文化教学涉及对英语母语国家综合文化知识的传授，包括这些国家的历史发展、社会习俗、文艺作品、日常生活习惯以及地理环境等。通过对这些文化背景的学习，学生能够更深入地掌握英语这门语言，并在语境中更加准确地理解和运用该语言。同时，了解与熟悉这些文化内容有助于学生比较和反思本国的文化特点，从而培养出更全面的文化视角和价值观。此外，熟悉不同的文化传统和生活习惯可以增强学生的国际意识，使他们在经济全球化背景下更具竞争力和适应性。

此外，接触英语国家的文化不仅限于语言学习的范畴，还包括了解和尊重不同文化的思维方式与行为习惯。通过对英语国家文化的学习，学生能够更好地认识文化多样性的价值，学会在跨文化交际中展现敏感性和适应性。这种文化教学不仅提高了学生的语言运用能力，还促进了他们的个人成长和思想成熟，为他们将来在多元文化环境中工作和生活打下了坚实的基础。通过这种方式，学生不仅学习了语言知识，还获得了更广阔的世界观，为在全球化世界中有效交流和协作奠定了基础。

五、学习策略

学习策略是指学生为开展有效学习而采取的各种行动和步骤。英语学习的策略包括认知策略、调控策略、交际策略和资源策略等。选取合适的学习策略有助于学生有效学习英语并为其随后的终身学习奠定基础。使用有效的英语学习策略，不仅可以改进英语学习方式，提升学习效果，还可以让学生学会如何学习,从而培养学生自主的终身学习能力。

（一）认知策略

认知策略在英语学习中发挥着至关重要的作用,它涉及如何处理和理解语言材料,其中包括联想记忆法、归纳推理、语义映射和摘要等技巧。通过这些策略,学生能够有效地吸收和理解英语知识。例如,使用联想记忆法,学生可以更好地记忆新单词;而通过摘要和归纳推理,学生可以更好地理解阅读材料的主旨。这些策略不仅提高了学生对英语的理解能力,还增强了他们的批判性思维和分析能力。

（二）调控策略

调控策略涉及学生对自己学习过程的监控和调整,其中包括设定学习目标、时间管理、自我评估和情绪调节等。通过这些策略,学生能够更有效地规划和执行他们的学习计划。例如,设定明确的学习目标可以帮助学生集中注意力;而时间管理技巧则有助于他们更高效地利用时间;自我评估则让学生能够识别自己的强项和弱点,并据此调整学习策略。

（三）交际策略

交际策略是学生在实际英语交流中使用的策略,包括求助、澄清、改述和使用非言语提示等。这些策略能够帮助学生在交流过程中克服语言障碍,提高他们的交际能力。例如,当遇到理解障碍时,学生可以通过提问或寻求帮助来获取信息,而通过改述和使用非言语提示则可以更有效地传达自己的意图。

（四）资源策略

资源策略涉及学生如何有效利用可用的学习资源,如图书馆、互联网、语言实验室。这些资源为学生提供了丰富的学习材料和实践机会。例如,通过网络资源,学生可以接触到各种在线课程、教学视频和英语学习社区,从而在真实语境中实践和提升英语能力。同伴学习和小组讨论则提供了相互学习与支持的平台。

第四节　高校英语教育的常见方法

一、语法翻译法

(一) 产生背景

语法翻译法的产生背景与18世纪末至19世纪中期的欧洲教育环境密切相关。在这一时期，欧洲的教育体系高度重视古典文化和语言的学习，尤其是古希腊语和拉丁语。这些语言不仅被视为学术研究和知识传播的关键工具，也是评价个人教育水平和文化修养的重要标准。因此，学习外语不是为了实际交流，而是为了能够阅读和理解古典文献，如文学作品、哲学论著和历史记录。这种学习目的的设定影响了外语教学的方法和内容，使教学重点放在了语法规则的学习和文本的直译上，而不是语言实际使用能力的培养。

随着时间的推移，语法翻译法开始应用于现代语言的学习。尽管现代语言的学习目标与古典语言存在差异，但语法翻译法仍旧沿袭了强调语法规则和文本翻译的教学方式。在这种教学模式下，学生通常通过分析和翻译文本来学习语言，重点是掌握语言结构和语法规则。这种方法在当时被认为是理解和掌握语言的有效途径，尤其是在缺乏实际语言应用环境的情况下。然而，这也导致在教学过程中忽视了语言的交际功能，学生虽然对语法规则有较深的理解，但在实际交流中难以有效运用所学语言。

(二) 关注内容

语法翻译法主要关注对语言本身结构的深入理解，尤其是语法和词汇方面。语法翻译法认为，掌握语言的核心在于理解其规则和结构，而不是实际的交流能力。因此，教学过程非常强调对语法规则的讲解和翻译练习。学生被要求熟练掌握语法规则，并能够准确地将文本从目标语言翻译成母语，或者相反。语法翻译法认为，通过对语言结构的精确理解，学生可以更好地掌握语言，并能够读懂高级文本。

除了语法规则外，语法翻译法也非常重视词汇学习。学生需要记忆大量词汇，并了解它们在不同上下文中的确切意义。词汇学习通常是通过翻译练习和文本分析来实现的，学生需要能够识别和使用这些词汇，理解它们在句子中的作用。这种教学方法在某种程度上帮助学生建立了良好的语言基础，尤其是在阅读和书面表达方面。

（三）主要特点

语法翻译法具有鲜明的教学特点，主要包括以下四点。

1.强调语音、词汇和语法结合教学

语法翻译法的一个显著特点是强调语音、词汇和语法结合教学。这种方法起源于对早期翻译法中对这三者分离的批评。在这种教学体系下，外语教学首先从语音教学开始，侧重于音素的发音方法以及在单词、词组和句子中的语音操练。此外，语音教学还伴随着相关书写训练。在语音教学基础上，外语教学进一步转向以课文为中心的综合教学阶段。这时，语法成为教学的主线，词法和句法相结合，并计划性地整合到课文教学中。词汇的选择与学习很大程度上取决于课文的主题和体裁。

2.重视阅读、翻译能力的培养

语法翻译法的另一个重要特点是重视阅读、翻译能力的培养，同时兼顾听说训练。这种方法将阅读能力作为教学的主要目标，认为阅读是学习过程的起点和终点。通过阅读，学生可以掌握书面语言的运用，从而提升笔语能力。提升笔语能力主要采用从母语到外语的翻译练习方法。尽管口语训练在这种方法中不是主要的教学内容，但它仍然在阅读理解和课文翻译的基础上进行。这种方法认为，通过阅读和翻译练习，学生能够在理解和使用外语方面取得更好的效果。

3.重视语法教学的核心地位

在语法翻译法中，语法教学占据核心地位，是整个教学体系的主线。这种方法认为，掌握语法规则是理解和翻译外语文本的关键。因此，课程设计中会有大量专门讲解语法的内容。每个课程都包含若干语法项目，而课文和例句主要用于解释与练习这些语法规则。这种方法可能导致课文内容缺乏连贯性和实际语境，有时仅仅由一些相互独立的句子构成。在这种教学模式下，教师首先讲解语法知识，其次分析课文中的语言现象，使用演绎法进行语法讲解。

4.母语在教学中的支撑作用

语法翻译法强调母语在教学中的支撑作用。这种方法认为，只有学生能够准确地将外语课文翻译成母语，才能被视为真正理解了该文本。因此，无论是讲解语法、语音还是词汇，在教学过程中都会依赖母语。这种方法下，课文分析通常以母语进行，课堂上的翻译练习既是教学手段，也被视为教学的最终目标。学生通过逐词、逐句翻译来培养对外语课文的理解和翻译能力，以实现准确和流畅的翻译。

（四）客观评价

语法翻译法作为一种历史悠久的教学方法，在外语教育发展史上占据了重要地位。它的出现和普及，是当时社会需求和教育发展水平的产物，对后续的语言教学方法产生了深远影响。该方法强调语法规则的学习和应用，与成年人理性分析和归纳的学习特点相契合，从而有效促进了学生的逻辑思维和语言分析能力。此外，将翻译作为教学的重点和手段，强化了学生的文学修养和阅读能力，特别是对原著的深入理解。

然而，语法翻译法在实际应用中也存在明显的不足。它过度强调语法知识的学习，往往忽视语言的交际功能和实用性。这种教学方法使得语言学习偏向于理论和书面形式，忽略了口语交流和听力理解的重要性。语法知识虽然是学习语言的重要工具，但在语法翻译法中，这种工具性的角色被提升为学习的最终目的,从而限制了学生语言能力的全面发展。

二、情境教学法

(一)产生背景

情境教学法的产生和发展与英语教学理论家张士一的教育实践及理论探索密切相关。张士一,作为中国现代外语教育的先驱,深刻认识到语言学习与生活实践的密切联系,这种认识为情境教学法的形成提供了理论基础。在当时的教育背景下,英语教学往往过分强调语言本身的结构和形式,忽视了语言作为沟通工具的实用性和生活性。语言并不是孤立存在的知识体系,而是与人类生活紧密相关的实践活动。因此,张士一强调在真实或创设的生活环境中进行语言学习,使学生在具体情境中掌握和运用语言。张士一的情境教学理论强调将语言学习置于具体生活情境中,通过模拟实际的交流场景来提高学习效果。他将情境分为三类:与母语为英语的人交流、与中国人用英语交流以及在教具创设的学习环境中交流。这一分类既体现了情境教学法的灵活性和实用性,也指出了不同情境下的教学效果。

张士一的情境教学法不仅仅是一种语言教学的技巧,更是一种教育理念的体现。他认为,语言学习应该是一个自然而然的过程,学习者应在实际使用语言的过程中逐渐习得语言知识。[1]这种理念突破了传统语言教学的局限,将语言学习与真实的生活情境紧密结合,为后续的语言教学方法提供了新的视角和方法论依据。

(二)核心内容

情境教学法的核心在于通过创设或引入生动、具体的教学场景,使学生在真实或模拟的语言使用环境中进行学习和实践。这种方法注重情

---

[1] 张士一. 英语教学的基本训练[J]. 江苏教育, 1962(13): 9-10.

感激发和情境体验,使学习过程更加吸引学生,提高了学生的参与度,增强了学生的学习动力。通过情境模拟,学生可以更好地将学到的语言知识应用于实际的交际中,从而提高语言实际运用能力。

在情境教学法中,教师扮演着重要角色。他们不仅是知识的传授者,还是情境的创造者和引导者。教师通过设计和组织各种实际或模拟的交际情境,如角色扮演、情景对话、情境模拟等,激发学生的学习兴趣和积极性。在这些情境中,学生被鼓励主动探索、互动交流,通过实际操作和体验来理解与掌握语言知识。

情境教学法还强调情感和文化的融入。这种教学方法不仅让学生学习语言知识,还使他们体验到不同文化背景下的语言使用。通过情境的创设,学生不仅能够了解语言表达的方式,还能感受到语言背后的文化差异和情感寓意。这种综合性的教学方法有助于学生全面理解和掌握目标语言,从而提高他们的跨文化交际能力。

(三)教学原则

在高校英语教育中采用情境教学法需要遵循以下两个原则(如图1-1所示)。

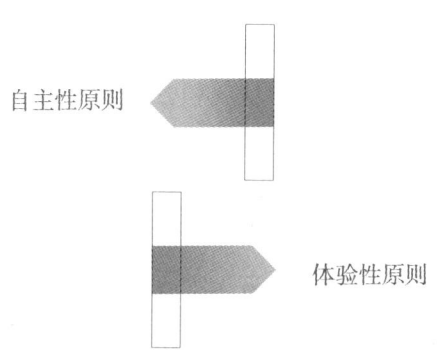

图1-1 情境教学法的教学原则

1.自主性原则

情境教学法中的自主性原则重视学生在学习过程中的主动参与和个

体差异。自主性原则认为，学生不应仅被视为被动的知识接受者，而应成为学习的主动探索者。在这种教学模式下，学生被鼓励根据自己的兴趣、能力和学习风格参与课堂教学活动，自主地选择学习内容和方法。

（1）自主性原则强调学生在学习过程中的选择权和决策权。学生被鼓励参与到教学活动的设计和实施中，例如，选择阅读材料、参与讨论话题的选择或决定学习的进度。这种参与感和控制感有助于增强学生的学习动机和参与度。

（2）自主性原则要求教师根据学生的个性化需求调整教学策略。教师应该认识到每个学生都有独特的学习方式和节奏，并应该鼓励学生根据自己的特点进行学习。例如，对于视觉型学生，可以利用图表和视频；对于动手操作型学生，则可以通过实践活动来提高学习效果。

（3）自主性原则强调学生的自我评估和自我反思能力。学生应被鼓励定期反思自己的学习过程和学习成果，识别自己的强项和待改进的地方。通过自我评估，学生可以更好地掌握自己的学习进度，从而实现更有效的学习。

2. 体验性原则

情境教学法中的体验性原则着重通过真实或模拟的语境创造生动的学习体验，以提高学生对语言的掌握和应用能力。体验性原则认为，语言学习不仅是知识的积累，还是一种实践和体验的过程。通过参与模拟的生活场景或实际交际活动，学生可以在具体语境中练习语言，提高语言运用的实际能力。

（1）在体验性原则指导下，教师应努力创造各种符合学生年龄特点和兴趣的情境。例如，可以通过模拟餐厅点餐、旅游咨询、校园生活对话等情境，让学生在实际或近似实际的语言环境中学习。在这些活动中，学生不仅可以锻炼语言技能，还可以学会如何在特定情境下运用语言，例如，如何礼貌地提出请求或如何表达自己的观点。

（2）体验性原则强调学生的参与和互动。在教学活动中，学生不应被动地接受知识，而应主动地探索和实践。教师应鼓励学生在情境中提出问题、寻找答案，并在小组讨论和合作学习中与他人共享想法和解决方法。这种参与和互动不仅可以提高学生的学习兴趣和动机，还有助于培养他们的团队协作能力和社交技能。

（四）实施步骤

1. 提出情境，学习语言

在高校英语教育中，教师开展情境教学需要创设一个与学习内容相关的情境。例如，如果教学内容是关于餐厅点餐的对话，那么教师可以布置一个模拟餐厅的场景。学生被分配不同角色，如顾客、服务员等，以此来模拟真实的点餐过程。通过这种方式，学生在参与情境中自然而然地学习相关的词汇、短语和句型。这种情境创设不仅能增强学生的学习兴趣，还能帮助他们理解语言的实际应用场景，从而更有效地掌握新知识。

2. 听说领先，反复操练

在情境中，听力和口语技能的培养是关键。继续以餐厅情境为例，教师可以播放一些与餐厅点餐相关的真实对话录音，让学生通过听力练习来熟悉实际对话中的语速、语调和常用表达。之后，学生可以通过角色扮演活动来模拟对话，这样的反复操练有助于加深他们对听力材料的理解，并提高口语交际能力。这种听说练习不仅提高了学生的语言理解能力，还为他们提供了一个实际运用语言的平台。

3. 书面练习，巩固结构

在听说练习之后，书面练习是巩固所学知识结构的重要步骤。学生可以通过书写练习来巩固在情境中学到的词汇和句型。例如，教师可以要求学生写一篇关于餐厅点餐的短文或对话，以此来实践书面表达技巧。通过这样的书面练习，学生能够更加深入地理解语言知识，并有机会在书写中练习语法、拼写和句子结构。此外，书面练习也为教师提供了评估学生学习成效的机会，便于及时发现并纠正学生在学习过程中的错误。

三、交际教学法

(一)产生背景

1. 政治和经济背景的影响

20世纪60年代,随着经济全球化的加速和欧洲共同体的建立,欧洲国家间的政治、经济、科技和文化交流变得日益频繁。欧洲共同体的扩大导致多语言环境的出现,这对成员国国内的语言教育提出了挑战。特别是,在政治和经济领域,对专业外语人才的需求急速增长。这一时期,翻译工作量大增,多语言会议和文件翻译需要大量专业译员,这直接推动了对有效语言教学方法的探索。

2. 传统教学方法的不足

当时流行的听说法等教学方法注重语言规则的讲解和训练,忽略了学生交际能力的培养。这种教学模式在实际的国际交流中显示出局限性,因为它未能有效培养学生的实际语言应用能力。此外,教学大纲和教材缺乏统一标准,导致教育质量参差不齐,无法满足日益增长的国际交流需求。

3. 交际教学法的诞生和发展

为了应对这一挑战,1971年,欧洲共同体在瑞士召开了专题座谈会,讨论第二语言教学方法的改革。专家提出了一种新的教学大纲设计——《入门阶段》大纲,这种大纲的核心是以交际为标准,重视语言在具体语境中的实用价值。该大纲强调语言的实际应用,而不仅仅是对语法规则的学习。《入门阶段》大纲的制定反映了这种新教学思想,适应了广大学生的需要,并促进了交际教学法的发展。这标志着传统语言教学方法的转变,开启了以交际为核心的语言教学新时代。

(二)教学原则

1. 实践性原则

实践性原则强调学生应通过实际语言使用来学习语言,而不仅仅是通过理论学习。在交际教学法中，这意味着学生需要参与到真实或模拟的语言交流活动中，如角色扮演、讨论会、模拟面试等。这种教学方式使学生有机会将所学知识应用于实际情境，从而提升其语言运用能力。例如，教师可以设计一个商务谈判的模拟场景，让学生扮演不同的角色，如销售代表、客户等，通过这种模拟活动，学生能够在实际语境中使用和理解语言。实践性原则还强调学生应从实际语言使用中学习和吸取经验，教师的角色是指导和协助学生在真实的语言使用过程中发现与解决问题。

2. 真实性原则

真实性原则要求教学内容和活动应尽可能接近学生在日常生活中可能遇到的真实情境。这种原则有助于提高学习的相关性和有效性，因为它确保了学生所学内容能够直接应用于他们的实际生活和工作中。例如，教师可以使用真实的新闻报道、电影片段或日常对话来作为教学材料，而不是仅仅依赖教科书中的人工构造对话。真实性原则也意味着教学活动应该模拟真实的交际环境，如邀请母语者参与课堂教学活动，或者安排外出实地考察，让学生有机会在真实的语言环境中实践和体验所学知识。

3. 主体性原则

主体性原则强调学生在学习过程中的主体地位，认为学生应成为学习活动的中心。在这种原则下，学生被鼓励表达自己的观点，进行自我探索，并在学习过程中发挥积极的作用。教师的任务是创建一个支持性的学习环境，鼓励学生自主学习，发展批判性思维和解决问题的能力。例如，教师可以设计基于项目的学习活动，让学生自行选择研究主题，进行调查研究并呈现其成果。主体性原则还意味着学生在评估和调整自己的学习过程中应具有一定的自主权，如进行自我评估和同伴评估。

4. 互动性原则

互动性原则强调教学过程中的师生互动和学生间的合作学习。在这种原则下，教师和学生之间的互动不仅是知识传递的过程，还是一种共同建构知识和理解的活动。例如，教师可以通过小组讨论、辩论和案例分析等活动促进学生间的互动，让学生在交流中学习语言。互动性原则还强调利用现代信息技术，如网络论坛、在线合作项目等，来扩展课堂教学的互动范围，使学生能够跨越时间和空间的限制进行交流与合作。

（三）教学设计

1.培养学生的功能交际能力

在交际教学法中，教师设计活动应强调并培养学生的功能交际能力。这意味着课堂教学活动应侧重于实现有效交际的目标，如信息交换和问题解决。功能交际活动包括猜词游戏、描述练习、简短对话等，旨在提升学生利用目标语进行有效沟通的能力。

（1）猜词游戏：通过这类活动，学生可以练习使用目标语词汇并在猜测过程中加强理解，例如，学生可以轮流描述某个单词，而其他学生则尝试猜出这个词。

（2）描述练习：这类活动鼓励学生描述个人经历或周围环境，如描述他们的家乡、学校生活或有趣的经历，从而提高他们的表达能力和词汇使用能力。

（3）简短对话：组织关于日常生活话题的简短对话，如天气、交通或假期计划等，学生能在轻松的社交氛围中练习口语，并加深对话题的理解。

2.培养学生的社会交往能力

在教学中，教师应注重培养学生的社会交往能力，通过模拟和角色扮演活动，为学生创造多样化的社交语境。这些活动不仅提升了语言的功能性，还强调了社会语境的重要性，从而提高学生在不同社交场合下使用语言的能力。

（1）模拟活动：通过模拟真实生活场景，如购物、旅游、工作面试等，学生可以在安全的环境中练习如何在实际情境中运用语言。

（2）角色扮演：这类活动鼓励学生扮演不同角色，如顾客、服务员、医生等，以提高他们在特定角色下的语言交流能力；这类活动还帮助学生更好地理解不同文化背景和社会角色中的语言使用。

在设计这些教学活动时，教师需要考虑学生的语言水平、兴趣和文化背景，确保活动既有趣又有挑战性，同时符合学生的实际需求。通过这些活动，学生不仅能提高语言能力，还能掌握更多的社交技巧，增强文化意识，这对于他们在现实世界中有效使用语言至关重要。

3.延伸社会交往活动能力

（1）社会戏剧活动的设计。社会戏剧是一种有效的交际教学活动，其目标是提升学生在各种社交场合中的交流能力。在设计社会戏剧活动时，教师应采取以下步骤：其一，介绍活动的背景和目标，确保学生理解即将进行的社会戏剧的主题和意图；其二，提供与戏剧相关的关键词汇和短语，帮助学生理解和表达戏剧内容；其三，呈现需要在戏剧中解决的问题或情境，刺激学生思考和讨论；其四，讨论不同的角色和语境，分配给学生相应的角色；其五，学生根据分配的角色进行表演，模拟现实生活中的交际场景；其六，活动结束后，进行总结讨论，强化学到的知识，并通过书面作业巩固学习成果。

（2）策略式交往活动的实施。策略式交往活动旨在通过各种交际练习提高学生的语言应用能力。其一，学生分组听故事、对话等听力材料并完成相关理解题，通过信息交换活动提高听力理解能力；其二，利用电影、录像等视觉媒介，激发学生的学习兴趣，提供大量真实语言材料，促进学生对语言的理解和应用；其三，鼓励学生参与英语角、观看英语电影、阅读原版书籍等活动，以提高他们的语言实践能力。教师应提供适当的指导，但避免过度干预以保持学生的学习主动性。

在设计和实施这些活动时，教师应考虑学生的语言水平和兴趣，确保活动既有趣又能提高学生的语言应用能力。通过这些多样化的交际活动，学生不仅能提高语言技能，获得更多的社交技巧，还能加深文化理解，从而在现实世界中更有效地使用语言。

（四）教学评价

1. 优点分析

交际教学法在现代语言教学领域展现出显著优势，主要体现在以下几个方面。

（1）以学生需求为导向的教学目标。交际教学法在教学目标的设定上充分考虑学生的实际需求和应用背景。这种以学生为中心的教学方法不同于传统以教师为主导的教学方式，它强调从学生的视角出发，探索他们的具体交际需求。教学内容和方法的设计都是为了培养学生在真实语境中的交际能力。这种方法提高了教学的相关性和实用性，使学生能够更加有效地在实际交际中运用所学知识，从而提升学生的学习动机和效果。

（2）强调交际能力与社会文化能力的培养。交际教学法不仅注重学生语言技能的提升，还注重其社会文化能力的培养。语言不仅是交际的工具，也是文化的载体。因此，教学内容不仅涵盖语言的结构和用法，还包括目标语言国家的文化、习俗和社会规范等。这样的教学方法使学生在学习语言的同时，能够理解和尊重不同的文化，为他们在经济全球化背景下的有效沟通奠定了坚实基础。

（3）以学生为中心的课堂教学设计。在交际教学法中，课堂教学设计以学生的需求和参与为核心。教师的角色转变为协调者和引导者，而非单纯的信息传递者。这样的课堂教学设置鼓励学生积极参与到真实或模拟的交际情境中，积极运用语言进行交流。通过这种参与和实践，学生不仅能提高语言能力，还能增强解决问题和团队合作的技能。

（4）促进特殊用途英语教学的发展。交际教学法特别适用于特殊用途英语的教学，如商务英语、科技英语等。这些领域的英语往往具有高度的实用性和专业性。通过交际教学法，学生不仅仅能学习特定领域的语言知识，还能学习如何在实际场景中有效运用这些知识。这种方法有助于学生更好地进入专业领域的实际工作环境，提升他们的专业竞争力。

2.关键问题及其解决策略

（1）功能意念项目与语法结构的协调。交际教学法虽然强调功能意念项目的重要性，但在实际教学中，如何有效地融合语法教学仍是一大挑战。理想的教学环境应该是功能意念项目与语法结构相辅相成，而不是相互排斥。在实施教学时，教师需要注意，不仅要教授如何在特定情境下使用语言（功能），还要讲解相应的语法规则（形式），以确保学生能够准确、规范地使用语言。例如，教师可以在介绍特定的交际功能时，讲解相关的语法结构，使学生在理解语言功能的同时，掌握正确的语法形式。此外，教学内容的设计应根据学生的实际水平和需求进行调整，确保教学具有针对性。

（2）语言错误的处理。在交际教学法中，教师往往鼓励学生大胆表达，但对学生的语言错误采取较为宽容的态度。这种做法虽然可以提高学生的自信心和参与度，但也可能导致语言习得不够规范。因此，教师需要在鼓励自由表达与纠正错误之间找到恰当的平衡。在教学过程中，教师应当在适当时机对学生的错误进行纠正，也要注意不要过度干预，以免影响学生的学习积极性。例如，教师可以在活动结束后总结学生的常见错误，并提供正确的表达方式，或者在不影响交际意图的情况下适度忽略一些非关键性错误。通过这种方式，学生不仅能在轻松的环境中学习，也能逐渐提高语言运用的准确性。

（3）课堂教学实践与理论的进一步结合。交际教学法在理论上已被认可，但其在不同文化和教育背景下的实际应用仍需进一步探索。教师在实施交际教学法时应考虑学生的文化背景和学习习惯，设计更加贴近学生实际需求的教学活动。此外，教师需要更多的实证研究来探讨交际教学法在不同教育环境中的应用效果，以便更好地调整和优化教学策略。例如，教师可以通过课堂教学观察、学生反馈和教学成果分析等方式，评估交际教学法在实际教学中的效果，并据此进行必要的调整。这种理论与实践相结合的方式，可以更全面、更深入地理解交际教学法的实际应用效果，为未来的教学改革提供更有价值的参考。

第二章 互联网与互联网教育

第一节 互联网的定义与内涵

一、互联网的定义

互联网是一个由众多独立且自主的网络组成的全球性计算机信息通信网络。它基于非连接传输技术，允许地理位置分散的多台计算机通过通信线路（无论是有线还是无线）互联，实现信息的共享和通信。在互联网上，数据通过分组交换技术在各个网络之间传输，无须预先建立专用连接或路由。每个网络中的数据被封装成分组数据，附带有起始地址和目的地地址信息，这些数据通过互联网传输，并在目的地重新封装和解封，与本地网络特性无关。这种分散的、去中心化的结构使得互联网能够灵活地连接和扩展，为全球范围内的数据传输和信息共享提供了平台。

二、互联网的特征

（一）开放性与隐秘性

互联网的特征之一是开放性，它允许无国界、无时空限制地自由交流，使各种文化、思想得以碰撞和融合。网络空间的开放性意味着信息传播的无限可能，不受传统媒介所需的物理条件限制。然而，这种开放性也带来了互联网的隐秘性，网络上的活动既可以是公开的，也可以是匿名和隐秘的,这使得网络空间成为一个复杂的环境,其中既有积极的信息交流,又有潜在的风险。互联网的开放性与隐秘性共同构成了其独特的传播特性,对信息管理和网络治理提出了新的挑战。

(二)自由性与虚拟性

自由性与虚拟性也是互联网的重要特征。网络提供了一个自由的虚拟空间,人们可以在此自由地选择、下载、发布信息,不受传统社会交往的限制。在这个虚拟空间中,人们可以摆脱现实生活中的性别、年龄、身份等限制,享受更多的自由。这种虚拟性使得网络成为一个复杂的社会实体,其中包含现实世界无法提供的新的交际方式和身份体验。然而,虚拟性模糊化了人们的现实身份和行为,影响人们的社会行为和认知模式。

(三)广泛性与复杂性

互联网广泛渗透到人们的日常生活和社会的各个方面,从电子商务到在线教育,从社交媒体到数字政务,网络的应用广泛而深入。这种广泛性使得互联网成为现代社会不可或缺的一部分,极大地丰富了人们的生活方式,促进了人们的社会交往。互联网的复杂性也不容忽视。网络信息的多样性和不确定性使网络环境充满变数,尤其对于年轻用户,如何在海量信息中辨别真伪、建立正确的价值观,成为一项重要而具有挑战性的任务。互联网的广泛性与复杂性对社会产生了较大影响,既带来了便利和机遇,又带来了风险和挑战。

三、互联网的影响

互联网自诞生以来,对政治、经济、社会和个人生活产生了深远影响,主要有以下几个方面。

(一)政治影响

1. 改变了政治参与方式与范围

互联网革命性地改变了政治参与方式与范围。在传统媒体时代,政治参与主要限于选举投票、集会和署名活动。然而，互联网的出现使政治讨论和组织变得更加低成本、高效率。社交媒体、论坛和博客等平台允许普通民众发表观点，与他人交流。更重要的是，互联网为边缘化群体提供了发声的机会，使得原本被忽视的声音能够被听见。

2.促进了公民意识的觉醒

互联网促进了公民意识的觉醒和对全球性问题的关注。在线新闻平台和社交媒体的快速信息传播使人们能够即时了解全球发生的事件与危机。这种信息的即时性和可访问性增强了人们对政治与社会问题的认识，从而激发了对公共事务的参与热情。

互联网也为公民提供了与政府互动的新途径。许多政府部门利用网络平台与民众沟通，公开政策信息，甚至通过在线投票和调查问卷收集公众意见。政策透明度和与公众互动性的提高有助于建立公众与政府间的信任，促进政策的民主化。然而，互联网上的信息泛滥和不实信息的传播也给公民的判断力带来了考验，要求公民必须具备辨别和筛选信息的能力。

（二）经济影响

1.推动了电子商务的蓬勃发展

互联网彻底改变了传统的商业模式，特别是通过电子商务的发展。电子商务允许企业利用网络平台拓展市场。这种模式允许企业无视地理限制，轻松接触到全球客户，减少了传统实体店面的运营成本。对消费者来说，电子商务提供了更多选择、更便利的购物体验和更低的价格。此外，电子商务还促进了新的商业模式的出现，如基于订阅的服务、二手商品交易和数字产品销售。

数字化也为企业带来了新的运营和市场营销策略。大数据分析、人工智能和机器学习的应用使企业能够深入了解消费者行为，实现个性化营销。这种营销策略不仅提高了营销效率，还增强了客户体验。同时，互联网促进了工作流程的自动化，提高了生产效率。

2. 加速了经济全球化

互联网是经济全球化的重要推动力。它不仅消除了信息交流的地理障碍，还使企业更容易地进入国际市场。跨国公司利用互联网管理全球业务，实现数据和资源的即时共享。小型企业也利用互联网获得了进入国际市场的机会，尤其是通过电子商务平台。这种全球范围内的业务扩展不仅提高了企业的竞争力，还促进了国际贸易和投资。

然而，互联网也给经济发展带来了挑战。市场竞争的加剧导致了一些传统企业的衰落，特别是那些未能适应数字化转型的企业。此外，数字经济的崛起也引发了关于税收、数据安全和消费者权益保护的新问题。

（三）社会影响

1. 助力社交媒体崛起

社交媒体的崛起极大地改变了人们的社交习惯和方式。随着社交平台的普及，人们开始在虚拟空间建立和维护社交关系。这些平台不仅让朋友和家人保持联系变得更加简单，而且为找到志同道合的人提供了途径。社交媒体上的群组和论坛使用户能够围绕共同的兴趣、爱好或观点聚集在一起，无论他们身处何方。然而，社交媒体也带来了一些问题，如隐私泄露和过度依赖网络社交导致的真实社交技能退化。除了个人社交外，社交媒体也改变了人们获取信息和娱乐的方式。现在许多人通过社交媒体获取新闻和趋势信息，而不是传统的新闻媒体。公众人物通过社交媒体与粉丝互动，增强了他们的影响力。同时，社交媒体成了一个重要的广告和市场营销工具，使得品牌和产品能够直接接触到潜在客户。

2. 促进了文化交流

互联网消除了文化交流的地理和语言障碍，使不同文化背景的人们能够轻松交流和分享。通过互联网，人们可以接触到其他国家的音乐、电影、艺术作品和文学，加深对其他文化的理解。在线翻译工具也使语言不再是交流的主要障碍。此外，网络论坛和社交媒体平台上的跨文化对话帮助人们了解不同的生活方式与观点，有助于消除偏见和误解。互联网还促进了文化的全球传播。例如，中华优秀传统文化通过互联网在全球范围内的影响力逐渐扩大，影响了年轻一代的文化取向。此外，互联网也为少数民族和边缘文化提供了展示自己的平台，增强了这些文化的影响力。不过，这种全球文化交流也带来了文化同质化的担忧，一些人担心本土文化可能被主流或流行文化所淹没。

（四）个人影响

1.增加了远程工作方式

互联网革命性地改变了工作场所和工作方式，尤其允许人们进行远程工作。随着互联网和云计算技术的高速发展，越来越多的工作可以在家中或任何有互联网连接的地方完成。这种工作方式为许多人提供了前所未有的灵活性和自由度，尤其对于需要平衡家庭和工作的人来说，远程工作有利于他们更好地平衡工作和生活。公司也可以从远程工作中受益，因为它减少了办公空间的需求，扩大了招聘范围，不再局限于特定地理位置的人才。然而，远程工作也带来了一系列挑战，如增加了团队沟通和协作的难度以及模糊了工作和生活的界限。此外，过度依赖网络交流可能导致社交隔离感和工作压力的增加。因此，许多公司和员工正在寻找平衡远程工作与办公室工作的最佳方式。

2.催生了数字游牧生活和自由职业

互联网的发展催生了数字游牧生活和自由职业。数字游牧者利用互联网的自由和灵活性，在全球范围内旅行和工作，不再受传统办公环境的束缚。这种生活方式吸引了许多追求冒险和自由的年轻专业人士，他们通过编程、设计、写作等可以远程完成的工作来维持生活。与此同时，越来越多的人选择成为自由职业者，利用互联网平台来寻找临时项目和客户。尽管数字游牧生活为自由职业提供了极大的灵活性，但这些工作模式也存在不稳定性和不确定性，如收入波动、缺少工作保障和福利保障。此外，这种生活方式还需要良好的自我管理能力和时间管理技能，以确保工作效率和生活质量。尽管如此，随着技术的进步和就业环境的变化，预计未来会有更多人选择这种工作方式。

3.方便人们获取健康信息和服务

互联网在方便人们获取健康信息和服务方面发挥了重要作用。通过在线平台，人们可以轻松地访问各种与健康相关的信息，包括疾病预防、治疗方法、营养指导和健身建议。这种信息的普及使公众能够更好地了解自己的健康状况，采取预防措施，甚至在某些情况下自我诊断。在线健康社区和论坛也为患者提供了交流经验与互相支持的机会，对于那些罕见疾病或特定健康问题的患者来说尤为重要。互联网也推动了远程医疗服务的发展。通过视频会议、在线咨询和健康监测应用程序，患者可以在家中与医生进行交流，不必亲自前往医院或诊所。这对于居住在偏远地区或行动不便的患者尤其有益。互联网还使个性化医疗和健康管理成为可能，如通过智能手表和健康追踪器监测个人的健康数据。

第二节 互联网的产生与发展

互联网的起源可以追溯到20世纪60年代，出于军事目的，美国国防部高级研究计划署（Advanced Research Projects Agency, ARPA）发起了一个名为阿帕网（Advanced Research Projects Agency Network, ARPANET）的项目。这个项目旨在创建一个能够在核战争中幸存下来的通信网络。ARPANET的首次公开演示在1969年，其连接了加利福尼亚大学洛杉矶分校和斯坦福研究所。随后，这个网络逐渐扩展到其他大学和研究机构。

20世纪80年代，随着个人计算机的普及和新协议的提出，互联网开始迅速发展。1990年，蒂姆·伯纳斯·李（Tim Berners-Lee）发明了万维网（World Wide Web, WWW），极大地促进了互联网的普及和应用。自此以后，互联网经历了爆炸式的增长，彻底改变了通信、商业、娱乐、政治和社会生活的面貌。进入 21 世纪，互联网继续快速发展，成为全球信息交流的关键基础设施。

一、互联网的产生

互联网的产生与 20 世纪中叶的冷战密切相关。1957 年，苏联发射了斯普特尼克卫星，这一事件象征着苏联在太空技术领域的领先地位，给美国带来了巨大压力。美国政府意识到在科技和信息系统领域需要迅速追赶，以保持国家安全和军事优势。这种紧张的国际关系氛围促使美国加大对科学研究和技术创新的投资，特别是在通信和计算技术领域。

当时，美国主要考虑建立一个弹性的通信网络，ARPA 特别关注如何创建一个分散的网络，以防任何单点故障或袭击导致整个通信系统瘫痪。这种网络需要具备自愈能力，即当某些节点或连接受损时，信息仍能通过其他路径传输。此外，这个网络还需要能够容纳和处理大量数据，以支持军事和科研机构的通信需求。

为实现这一目标，ARPA 启动了 ARPANET 项目。1969 年，该项目成功连接了加州大学洛杉矶分校（University of California, Los Angeles，UCLA）、斯坦福研究所（Stanford Research Institute，SRI）、加利福尼亚圣塔芭芭拉分校（University of California, Santa Barbara, UCSB）和犹他大学（the University of Utah, U of U）的计算机，标志着互联网的初步形成。这个网络使用了创新的分组交换技术，允许数据被分解成小包并通过多条路径传输，提高了网络的可靠性和效率。随着技术的进步和参与节点的增加，ARPANET 逐渐演变成一个更复杂和多功能的网络。它不仅被军事和政府机构使用，还连接了许多大学和研究机构，成为学术交流和科学研究的重要平台。在这个过程中，众多关键技术和协议被开发出来，包括传输控制协议/互联网协议（Transmission Control

Protocol/Internet Protocol，TCP/IP），该协议后来成为整个互联网的基础。这种新型的网络具备以下几个特点。

（一）兼容多种计算机类型

ARPANET 的一个核心特点是它允许不同类型和制造商的计算机连接在同一个网络上。这是一个开拓式的创新，因为在那个时代，不同厂商的计算机系统往往使用不兼容的技术和协议。ARPANET 通过引入一种通用的网络协议，使各种计算机能够互相通信。这种设计思想不仅促进了不同研究机构之间的数据交换和合作，也为后来的互联网标准化和扩展打下了基础。

（二）实现了数据高效传输

ARPANET 的主要目的是实现高效、可靠的数据传输，其设计重点是确保信息能够在计算机之间迅速且准确地传输。为了达到这个目标，ARPANET 采用了分组交换技术，这种技术允许数据被分成小的数据包，在网络中独立传输。该技术大大提高了网络的使用效率和鲁棒性，因为每个数据包可以独立寻找到达目的地的最佳路径。

（三）具有简单且强大的网络结构

ARPANET 在设计上采取了简单但强大的结构策略。虽然背后的技术和原理复杂，但是设计者努力使网络结构变得简单和直观。该结构策略的核心在于创建一个不仅功能强大，而且用户和管理员都能相对容易理解与操作的网络。这种设计允许更快速地诊断和解决问题，同时降低了维护和升级网络的复杂性。该网络的强大性体现在其具有有效处理和传输大量数据的能力，同时保持较高的可靠性和稳定性。设计上的简洁性并未牺牲其功能性和准确性，反而通过减少不必要的复杂性，提高了整体的性能和效率。这种平衡在当时的网络技术中是一种创新，它为后来互联网的发展奠定了坚实基础，特别是在保证数据传输的准确性和完整性方面。

（四）利用分散的网络节点

阿帕网的设计哲学之一是避免创建任何中心化或特别重要的节点。这是出于提高网络抗毁能力的考虑：在冷战背景下，避免敌方通过破坏关键节点使整个网络瘫痪。因此，该网络在设计上采用了分散的网络节点，每个节点都能够独立运作，而不依赖任何单一的中心节点。这种分散式设计增加了网络的弹性和适应性。即使在某些节点受到攻击或出现意外故障的情况下，网络也能继续运行，保持通信和数据传输的通畅。每个节点的同等重要性意味着网络运作不依赖任何特定的部分，极大地提高了网络在各种极端条件下的正常运行能力。这种设计理念在后来的互联网架构中被广泛采纳，成为其核心特征之一。

（五）设计了冗余路由

冗余路由是阿帕网设计的一个关键特征。这种设计意味着网络中的数据传输不依赖单一路径。在网络中设置多条可能的路由路径，即使某些路由或节点遭到破坏或产生故障，数据仍然可以通过其他备用路径继续传输。这增加了网络的可靠性和灵活性，确保在任何条件下都能保持通信的畅通无阻。

冗余路由的设计不仅提高了网络在面对物理损坏时的韧性，还提升了其对网络拥堵和其他非硬件故障的适应能力。在流量较大或某些节点超载的情况下，数据可以被重新加载，避免拥堵和延迟。这种设计思路在现代互联网的发展中仍然重要，特别是在保证数据传输的连续性和高效性方面。冗余路由的概念也为后来的网络技术，如云计算和数据中心的设计提供了重要参考。

阿帕网早期的使用者主要是计算机科学家和工程师，他们对复杂的计算机命令有深入了解。由于具有一定的专业背景，这些使用者最初并没有迫切的需求去改进操作界面或操作系统使之对用户更友好。当时，阿帕网被视为一个主要用于科学研究和军事通信的工具，而非面向大众的技术。因此，网络的早期版本并没有考虑到普通用户的操作便利性,这一点在后来互联网的商业化和普及过程中被逐渐改变。

二、互联网的发展

(一)互联网的快速发展

互联网的第一次快速发展是在 20 世纪 80 年代中期。当时,美国国家科学基金会(National Science Foundation, NSF)希望与高校学生、相关研究机构分享他们的 4 台计算机主机,以充分发挥这 4 台计算机主机的功能。他们最初的想法是用现成的阿帕网将各个高校、研究所的计算机与 4 台巨型计算机主机连接起来,但由于取得美国军方的同意十分困难,他们决定自己出资建立名为国家科学基金会网络(National Science Foundation Network, NSFNET)的广域网。最终在 NSF 的鼓励和资助下,众多高校和研究机构将自己的局域网并入 NSFNET 中,从 1986 年到 1991 年,共有 3000 多个子网并入 NSFNET 中。

互联网的第二次快速发展体现在它的商业化进程中。在 20 世纪 90 年代以前,只有军方和学术研究机构拥有使用互联网的特权,一些法律规定和传统问题阻碍了商业机构进入互联网领域的脚步。这主要是因为 NSF 对互联网上的商业活动不感兴趣,对此还专门制定了一系列的使用说明,限制人们把用纳税人的钱建造起来的网络用于商业用途。但是,还有一部分机构不同意该机构的做法,并针对以上规定提出了异议。

1991 年,对限制互联网在商业领域的发展提出异议的三家公司通用原子公司(General Atomics)、PSI 公司(Performance Systems International)、UUNET 通信服务公司(UUNET Technologies)成立了商用互联网协会(Commercial Internet Exchange Association, CIEA),宣布加入协会的用户可以把其子网用于商业用途。各商业机构因此获得了使用互联网检索资料、联系客户、达成合作的机会,世界各地的企业和个人用户纷纷注册使用这一网络,自此互联网发展实现了质的飞跃。1993 年,随着第一个流行的网页浏览器 Mosaic 的推出,万维网用户数量实现了显著的增长。Mosaic 的用户友好界面与对图像的支持使得互联网更容易被普通大众接受和使用。

1994 年年底，互联网已经迅速扩展到全球。这一时期的互联网经历了显著的发展和变革，不仅在科学研究和教育领域发挥着重要作用，也开始进入普通家庭和商业领域。互联网的快速扩展得益于多种因素，包括计算机技术的进步、网络基础设施的改善以及用户界面的友好性提高。此时，互联网开始影响社会的各个方面，包括媒体、商业、政治和文化等。1995 年 4 月，NSF 管理的 NSFNET，这个最初用于连接研究机构的网络，正式宣布停止运营。这标志着互联网从一个以政府和学术为主导的网络转变为更加商业化与公共化的平台。美国政府选择了 3 家私营企业来推动互联网的商业化进程，这一举措促进了互联网基础设施的私有化和市场的发展。

互联网商业化的完成，开启了网络经济的新时代。这一阶段，互联网开始吸引大量的企业投资，众多针对普通消费者的在线服务和应用出现了，如在线购物、网上银行和电子商务等。同时，广告成为互联网商业模式的重要组成部分，尤其对于提供免费服务的网站和平台。随着商业活动的增加，互联网的影响力和经济价值得到了显著提升，成为全球经济发展的重要驱动力。

（二）互联网在中国的发展

中国在互联网领域虽起步较晚，但经过几十年的快速发展，已在全球互联网舞台上占据了重要地位。换句话说，中国在互联网技术的发展和应用方面取得了显著成就。中国不仅在基础网络建设上取得了进步，还在电子商务、移动支付、人工智能和大数据等领域实现了创新。这些技术的应用深刻改变了中国人民的生活方式和工作模式，推动了经济的数字化转型。

中国在国际互联网领域的影响力不断提升。2020 年，中国成功举办了世界互联网大会·互联网发展论坛，这不仅展示了中国在互联网领域的成就，也反映了其在全球互联网治理中的积极参与和所做的贡献。该大会引起了全球范围内的高度关注，显示了中国在全球互联网发展中的重要角色。中国的互联网发展表明，国家正不断提高在技术创新和网络安全方面的能力，以应对未来的挑战。中国政府和企业正在积极探索互联网技术的新应用，以推动经济和社会的进一步发展。

1. 中国互联网的早期探索阶段

中国互联网的发展始于20世纪80年代的改革开放时期，在这一时期，中国开始融入全球互联网的进程。中国在互联网技术的引入和应用上进行了重要尝试。1986年，中国开启了对互联网技术的初步探索，北京计算机应用技术研究所与德国卡尔斯鲁厄大学（University of Karlsruhe）合作，启动了"中国学术网"（Chinese Academic Network, CANET）国际联网项目。1987年，北京计算机应用技术研究所建成一个电子邮件节点，向德国成功发出了一封电子邮件，标志着中国正式步入互联网时代。1988年，中国建立了首个公用分组交换网——CNPAC（China Packet Switched Network），覆盖了包括北京、上海、广州在内的多个大城市。

1989年，中国互联网迈出了重要的一步。国家计划委员会（现为国家发展改革委）从世界银行获得贷款，建立了"中关村地区教育与科研示范网络"项目，即NCFC（The National Computing and Networking Facility of China）。该项目由中国科学院牵头，联合北京大学、清华大学实施，旨在通过这些高等院校的合作推动NCFC主干网的建设。这个项目不仅加强了高校和研究机构之间的网络连接，也为中国互联网的进一步发展奠定了基础。

在这一时期，中国互联网的基础设施建设和技术应用取得了初步成果。公用分组交换网的建立不仅促进了城市间的网络连接，也为后来的互联网服务和应用提供了基础设施支撑。这些早期的网络项目，虽然主要集中在学术和研究领域，但为中国互联网的商业化和普及奠定了重要的技术与经验基础。这些早期努力为中国后续在互联网领域的快速发展打下了坚实基础，也为中国在全球互联网治理和技术创新中扮演更重要的角色做好了准备。

2.中国互联网的国际融合阶段

20世纪90年代初，中国互联网的发展进入了一个新阶段，即与国际互联网的融合阶段。1991年10月，中美高能物理年会上美方代表提出将中国纳入互联网的合作计划。这一时期，中国科学院和其他科研机构在推动中国接入国际互联网方面发挥了重要作用。1992年，中国科学院与NSF讨论中国接入互联网的可能性，虽然初步尝试未能成功，但这标志着中国开始积极探索加入全球互联网网络的途径。1993年，在INET会议上，中国代表重申了加入互联网的强烈愿望。会后，在参与的洲际研究网络协调委员会会议（Coordinating Committee for Intercontinental Research Networking, CCIRN）上，中国接入互联网的议题获得了广泛支持，这是中国互联网国际化进程中的一个重要里程碑。

1994年4月，中国科学院的代表团访问美国，出席了中美科技合作联委会。会前，中国科学院副院长向NSF正式提出接入互联网的请求，并最终获得认可。同年，中国科学院高能物理研究所实现了中国与国际互联网的全功能连接，标志着中国互联网正式成为国际互联网的一部分。这一重要进展使中国成为全球第77个拥有全功能互联网连接的国家，开启了中国互联网在全球网络空间的新篇章。

中国正式接入国际互联网后，迅速展开了全面的网络基础设施建设。这一时期，中国在互联网技术、应用和服务方面取得了巨大进展，开始在全球互联网领域发挥越来越重要的作用。中国科学院在推动国内互联网发展和与国际接轨方面发挥了中心作用，为中国的网络技术创新和应用提供了坚实基础。

3. 中国互联网的蓬勃发展阶段

进入 21 世纪，中国互联网行业迎来了空前的活跃期。这一时期，互联网信息技术持续创新，其应用范围在不断扩大。虽然 2000 年互联网泡沫带来了一定冲击，但互联网行业很快恢复过来并继续发展。在短信服务、音乐下载、电子商务、网络游戏等业务的支撑下，中国互联网行业迎来了春天。这些服务不仅丰富了用户的网络体验，也推动了互联网技术的进一步发展，为互联网行业的未来发展打下了坚实基础。

2014 年，第一届世界互联网大会在中国浙江乌镇成功举办，中国在国际互联网领域的影响力得到了显著提升。该大会会聚了全球的政治领袖、企业高管、网络技术专家和互联网行业的精英，共同讨论互联网的发展趋势和挑战。中国通过该大会向全世界展示了自己在互联网领域的发展理念和成果，加强了与全球互联网社区的交流和合作。

中国在 2021 年世界互联网大会乌镇峰会上提出的主题和目标，反映了中国在推动全球数字文明发展方面的远见和责任感。从建设数字文明、加强企业间互联互通，到强化网络安全，再到实现碳中和等环保目标，这些都是中国互联网发展的重要方向。这些议题不仅关乎中国的互联网行业，也体现了中国在全球互联网治理和可持续发展中扮演的角色与担负的使命。

第三节　互联网教育的定义与内涵

一、互联网教育的定义

随着互联网技术的发展和普及，互联网教育已经成为教育领域的一个重要趋势。互联网教育是指在师生物理分离的环境下，利用互联网和信息技术手段，有效实施教学活动的新型教育模式。这种教育模式虽然不可能完全取代传统教育，但它为传统教育注入了新的活力和可能性。与传统的"一所学校、一位教师、一间教室"的模式相比，互联网教育展现出"一个教育平台、一部移动终端、数百万学生、众多可选的学校和教师"的特点，更具活力和灵活性。

互联网教育通过新的人机交互模式和人工智能技术，不仅带来了教育技术的变革，还促成了教育观念、教育体制、教学方式和人才培养过程的深刻改变。借助大数据、云计算和移动互联技术，结合"免费使用"的互联网思维，这种教育模式在教育领域引发了一场革命性的浪潮。从2012年开始，在中国专注互联网教育的应用日渐兴起，目前仍处于快速发展阶段。在实践中，这种教育模式已经衍生出多种形式，如微课、慕课、翻转课堂等。

在互联网教育的背景下，教师的角色和职责发生了重大变化。教师不再局限于传统的课堂教学，而是需要在课前进行大量的准备，课中管理难度增加，课后与学生的交流更频繁。教师需要整理和准备丰富的网络教学资源，以提供更优质的教学内容。随着学生对互联网的熟悉，对教学资源的要求日益提高，教师在寻找和制作教学资源上的工作量与难度也加大了。

二、互联网教育的特征

互联网教育的特征主要有以下几点。

（一）开放性和创新性

1. 开放性

互联网教育的开放性体现在教育资源、学习形式、课程内容以及评价过程的全面开放。这种开放性不仅降低了传统教育的门槛，也使所有人获得所需教育资源。互联网教育的开放性允许学生根据自己的需求和兴趣选择课程内容，同时鼓励他们参与到课程评价和改进的过程中。这种教育模式大大提高了学生学习的自由度和灵活性，使得学生能更主动地掌握自己的学习过程。

2. 创新性

互联网教育的发展与最新科技的进步紧密相连,尤其是人工智能、大数据和云计算等领域的技术突破,给教育领域带来了前所未有的变革。例如,基于人工智能的各种应用与技术,如智能辅导系统、自适应学习平台和个性化推荐算法,能够基于学生的学习行为和进度,提供定制化的学习内容和指导。大数据在分析学生的学习习惯、成绩表现和进步速度方面发挥着重要作用,帮助教师更准确地理解学生的需求,优化教学策略。云计算则为教育资源的存储、处理和分发提供了强大支持,使教育内容更加丰富和多元化,且易于获取和分享。

(二)灵活性和便捷性

互联网教育的优势之一是其具有灵活性和便捷性。这种教育模式打破了传统教育中的时间和空间限制,使学习可以在任何时间、任何地点进行。无论是在通勤途中、家中还是咖啡店,只要有互联网连接,学习者就可以访问和学习课程内容。这种灵活性对于忙碌的工作人士、家庭主妇、偏远地区的学生或者有特殊需求的学习者来说尤为重要。

互联网教育允许学生自主调节学习进度。学生可以根据自己的学习节奏、兴趣和能力,自主选择课程和学习内容,无须担心与课程进度脱节或者学习压力过大。这种自主性不仅提高了学生的学习效率,还增加了学生的学习乐趣和满足感。

(三)互动性和参与性

互联网教育的一个显著特征是其高度的互动性和参与性。在这种教育模式中,学习过程不再是单向的知识传递,而是变成了师生、生生之间多维度的互动和交流。在线讨论区、虚拟课堂、协作学习平台等工具使学生可以轻松参与到课程讨论中,不受地理位置和时间的限制。这种参与式学习不仅提高了学生的学习动机,还促进了学生之间的交流与合作。

同伴互评成为互联网教育中常见的互动形式。学生在完成课程任务后，可以相互评价，这种互动不仅能提高学生的社交能力，还能帮助学生从不同角度审视问题，拓宽视野。教师可以通过在线平台实时跟踪学生的学习进展，及时给予反馈和指导，使教学更加精准和高效。

(四) 个性化和广泛性

1. 个性化

互联网教育强调对个体的关注，体现在以人为核心的教学设计和服务中。互联网教育模式关注每个学生的独特需求和学习体验，尝试提供更加个性化的教学内容和方法。这种以学生为中心的教育模式使教育更加人性化，能更好地满足不同学生的需求，促进他们主动学习。

2. 广泛性

互联网技术的应用使教育资源能够迅速传播到全球的每个角落，使数百万甚至数千万的人能够同时接受教育。这种大规模的教育普及化为传统的精英教育模式带来了挑战，同时推动规模化教育新时代的到来。互联网上的各类教育资源如在线课程、电子图书、互动讨论等，为广大学习者提供了丰富多样的学习选择。

三、互联网教育的作用

(一) 互联网教育的深刻变革作用

互联网教育模式的出现，引发了传统教育领域的深刻变革。这种模式不仅仅为网络课程提供了新渠道，还改变了课程教学的组织结构和基本内容。互联网作为一个拥有海量资源的平台，使各学科课程内容得以全面更新和拓展，将前沿知识及时引入课堂教学，丰富了学生的学习体验。在课程内容的设置上，教师逐渐趋向艺术化、生活化和创新性的内容，从而使教育内容更加贴近学生的实际生活和兴趣，增加了学习的趣味性和实用性。

互联网教育还革新了传统教学的组织形式。例如，翻转课堂这一模式颠覆了传统的"先教后学"模式，使学生能够通过线上资源先自主学习，再在课堂上进行深入讨论。这种模式增强了师生间的互动，使教学不再局限于课堂的物理空间，而是通过互联网实现了师生间更广泛、更深入的交流。在这个背景下，教师的角色从传统的知识传授者转变为资源提供者、兴趣激发者和思维引导者，更加注重激发学生的学习主动性和创造性思维。

（二）互联网教育对教育产业和劳动力市场的影响

互联网教育积极推动了教育产业的发展。随着互联网技术的渗透，教育产业开始经历从传统到现代的转变，吸引了大量投资者的关注。尽管许多投资者尚未完全了解互联网教育的多方面作用，但不可否认的是，它正在重塑教育产业的发展模式和商业逻辑。互联网教育不仅增加了教育资源的可获取性和多样性，也为教育服务的个性化和定制化提供了可能。另外，互联网技术的普及和应用也在改变劳动力市场的需求。当前，几乎每个行业都要求大学毕业生具备移动应用开发、数字营销、电子商务和微信公众号策划等技能。这种趋势表明，互联网技术和商业模式已成为现代行业的标准配置，这对劳动力市场的技能要求产生了根本性影响。在这种背景下，教育机构和课程设计者需要不断更新教育内容与方法，以适应快速变化的市场需求，培养具备现代信息技术能力的人才。

第四节　互联网教育的产生与发展

一、互联网教育的产生

（一）产生原因

互联网教育的产生与发展源于互联网本身的多元功能和虚拟性特征以及其提供的强大交互功能。互联网作为一个全球性的信息网络，具备鲜明的交互性，其提供了多种多样的方式，如文字、图像、视频、动画、声音等，沟通效果显著超越了传统教育中的交流方式。互联网的虚拟性为教育创造了一个超越现实界限的交互平台，这种平台不受时间、空间和形式的限制，允许不同身份、性别、种族、年龄的人进行自由交流和学习。

互联网的交互性源于互联网的技术特性，如虚拟性和实时性，这些特性使人们在互联网上实现了真正的交互。同时，互联网提供了一个人人平等的交流环境，不受身份、性别等社会差异的影响，在线学习者都能在互联网上平等交流。

（二）时代背景

互联网教育在很大程度上是基于20世纪70年代美国特定的教育背景产生并兴起的。在这一时期，美国经历了第二次世界大战后的人口高峰，导致教育系统面临前所未有的挑战。

1.教育成本增加

20世纪70年代，教育成本的显著增加在美国引起了广泛关注，尤其是在高等教育领域。这一时期，随着人口高峰期的到来，学生人数激增，导致高等教育机构面临前所未有的压力。为了适应这种增长，学校不得不考虑扩建或改善基础设施，包括教室、实验室以及其他学习设施。然而，这种必要的扩张和更新往往需要巨额投资。建设新的教学楼、宿舍、实验室和图书馆以及对现有设施的维护和升级，都需要大量的资金。这不仅增加了学校的运营成本，还可能引发学费上涨。学费的上涨再次加剧了学生和家庭的经济压力，进一步增加了社会对于教育成本上升的关注。

2.教师资源紧缺

除了基础设施的问题外，教师资源紧缺也是一个严重的问题。在职教师面临密集的教学和科研任务，难以抽身与学生进行有效的交流。这种情况导致了教学质量的下降，学生无法获得足够的个别指导和支持。

与此同时，社会对于教育的需求在持续增长。人们对高质量教育的渴望不仅源于个人发展的需求，也源于国家对于高素质人才的迫切需要。

3.终身教育理念

在这种背景下，终身教育理念应运而生。随着工作环境的不断变化和技能需求的更新，终身学习成了一个重要的需求。这不仅是为了个人的职业发展，也是为了适应快速变化的经济环境。人们需要不断更新知识和技能，以保持竞争力。此时，传统的教育模式，由于其固定的时间表和地点限制，开始不再适应这种新的需求。

正是在这种时代背景下，互联网教育开始在美国兴起。互联网的出现为解决传统教育面临的问题提供了新的可能。它不仅能跨越时间和空间的限制，还能以更低的成本提供教育服务。通过在线课程和远程教育，学校能够以更低的成本向更多学生提供教育服务，这不仅减轻了对物理空间的需求，也降低了人力资源的成本。因此，教育成本的增加不仅推动了教育机构对财务管理的重视，也加速了教育技术的发展和应用，特别是多媒体技术和互联网技术。

（三）初级形态

互联网教育的初级形态可以追溯到虚拟课堂。虚拟课堂作为互联网教育的初级形态，展示了网络技术在教育领域的应用潜力。它不仅为学生提供了更灵活和个性化的学习方式，还为教育的进步和创新打开了新的大门。虚拟课堂作为一种以计算机为媒介的交流系统，其核心在于利用计算机和特定软件，使学生能够在任何地点、任何时间通过网络与教师和同学交流、学习。虚拟课堂被称作"互联网教育的雏形"，主要原因有以下几点。

（1）虚拟课堂满足了教育的基本要求，即有目的、有计划和有组织地进行，旨在增进知识和技能。这种教育方式不仅传承了传统教育的精髓，也在教学方法和内容上进行了创新。虚拟课堂的设计考虑了教育的系统性和连续性，保证了学习过程的完整性和效果性，同时利用网络技术，为学习活动提供了更广泛的资源和更灵活的方式。

（2）虚拟课堂的出现标志着互联网在教育领域的初步应用。通过互联网，虚拟课堂实现了部分或全部的在线教学，允许网络课程的传播、交互与反馈。这种教学模式不仅支持自主学习，也促进了合作学习和讨论学习。学生可以通过网络提交作业、参与测验和考试，大大提升了学习的便利性和互动性。这种模式的实施，不仅展示了网络技术在教育中的应用潜力，也为未来互联网教育的发展奠定了基础。

（3）虚拟课堂的发展和普及得益于当时的技术进步。个人电脑的普及、互联网的诞生及其技术的不断完善，为虚拟课堂的实施提供了必要的技术支持和平台。这些技术的应用使得教育可以打破时空限制，实现更广泛的覆盖和更深入的普及。

（4）虚拟课堂整合了多种互联网工具和功能，如电子邮件、公告板、超文本、论坛、超媒体和会议组等，这些都是互联网教育的重要组成部分。这些工具的应用不仅提高了教育的效率，也增强了教育的互动性和多样性。它们体现了互联网作为"元媒介"的特性，为构建虚拟学习环境、实现信息的交流和共享提供了重要条件。

（5）虚拟课堂在教育和教学方面已经形成了一定的规模。这表明虚拟课堂不是一个理论上的构想，而是已经在实践中得到了应用和验证。它的实施展示了网络技术在教育领域的实际应用潜力，为未来互联网教育的发展提供了经验和模式。

二、互联网教育的发展

（一）发展历程概述

互联网教育的发展历程是与教育技术的演进紧密相连的。从20世纪70年代开始，随着计算机和网络技术的兴起，互联网教育开始萌芽。这一时期，微型计算机的普及为教育领域带来了革命性变化，为远程教育和数字学习提供了技术基础。进入20世纪80年代，互联网开始对教育产生了深远影响。网络技术的发展使教育资源的共享和传播变得更加容易，为学生和教师提供了更广泛的学习与交流平台。这一时期，电子邮件、论坛等通信工具开始被应用于教育领域，使得教师和学生之间的交流超越了物理空间的限制。到了20世纪90年代，随着互联网的普及和网页技术的发展，互联网教育迎来了快速发展期。网上课程和虚拟学习环境开始出现，学生可以通过网络参加在线课程，访问丰富的学习资源。这一时期，多媒体技术和交互式教学软件的应用，进一步提升了网络教学的质量和效果。进入21世纪，互联网教育已成为全球教育领域的一个重要组成部分。在线学习平台、开放课程资源（如慕课）和虚拟学校的兴起，使学习变得更加灵活和个性化。这一时期，移动学习和社交媒体也开始融入教育，为学生提供了便捷和互动的学习方式。

（二）互联网教育在中国的发展

1.起步阶段（1990年至2000年年初）

1990年至2000年年初是互联网教育在中国的萌芽期。互联网教育主要局限于一些大型教育机构和高校，主要作为传统教学的辅助工具。这一时期的网络课程和资源相对有限，网络教育的应用主要集中在提供基础的教学材料和简单的交流平台。

2.发展阶段（2000年至2010年年初）

随着互联网技术的快速普及和发展，中国的互联网教育开始迅速扩张。这一时期出现了大量的在线教育平台和服务，包括网络课程、在线辅导和远程学位课程等。政府和教育机构开始意识到网络教育的重要性，开始推出一系列政策来支持其发展。这一阶段，网络教育逐渐成为学习和教学的重要组成部分。

3.成熟阶段（2010年至2020年年初）

21世纪的第二个十年，互联网教育在中国进入了成熟和稳定发展阶段。伴随着移动互联网和智能设备的普及，移动学习开始流行，为学生提供了更加灵活和便捷的学习途径。互联网教育形式更加多样化，如慕课、互动教学软件等。在线教育不仅覆盖了 K12 教育和高等教育，还扩展到了职业培训、成人教育等多个领域。

4. 创新与多元化阶段（2020 年至今）

近年来，中国的互联网教育进入了创新与多元化阶段。在这一时期，教育领域融入了更多先进的技术，如人工智能和大数据，这些技术被用来提高教学质量和学习效率。同时，"互联网＋教育"模式不断深化，实现了在线和离线教学的有效结合。此外，互联网教育开始更加注重促进教育公平和普及，力图通过技术手段缩小不同地区和社会群体间的教育差距。

第三章　互联网环境下的高校英语教育

第一节　互联网环境下高校英语教育的目标

一、培养学生的问题意识

在互联网时代，高校英语教育应致力于培养学生的问题意识和独立思考能力。这意味着教育不仅仅是知识的传递，更是对学生提问和思考能力的培养。

随着互联网的发展，人们进入一个前所未有的信息爆炸时代。网络上每天都在产生海量的数据和信息，这些信息的来源多样，包括新闻网站、博客、论坛、社交媒体等。在这样的环境中，学生面临的挑战是如何从这些繁杂的信息中筛选出有价值的内容，并对其进行有效的分析和利用。这就要求学生具备强烈的问题意识，能够主动识别和提出问题，同时具备独立解答问题的能力。这种能力不仅仅关乎学习效率，还是在信息过载的环境中进行有效决策的关键。学生需要学会如何确定信息的相关性、重要性和可靠性，这不仅是学术上的要求，也是日常生活和未来职业中不可或缺的技能。

虽然互联网为人们提供了无限的信息资源，但并非所有信息都是准确和可靠的。在这种背景下，批判性思维显得尤为重要。批判性思维是一种对信息进行客观分析、评估和合理质疑的思维方式。它要求学生不仅接收信息，还要对信息进行独立思考，检验其真实性、逻辑性和有效性。在高校英语教学中，教师可以通过引导学生批判性地分析文献、讨论话题和解决问题来培养他们的批判性思维。这种能力使学生能够在面对复杂信息时，做出合理判断和决策，对个人的学术发展和职业生涯具有重要意义。

快速变化是互联网时代的显著特点之一。技术的迅速发展、社会环境的不断演变要求个人具备快速适应新情况的能力。在这样的背景下，单纯依靠记忆和复述知识已不足以应对新的挑战。学生需要具备独立思考的能力，能够在变化的环境中迅速识别新问题，灵活运用已有知识进行解决。这种能力对于学生的个人发展至关重要，能使他们在未来的学习和工作中更加主动。例如，高校英语教育可以通过项目式学习、案例分析等方式，使学生在实践中发现并解决现实世界的问题，学会在不断变化的环境中运用英语知识，提高应对未知情况的能力。

二、转变学生的学习方式

在互联网环境下，高校英语教育的一个重要目标是转变学生的学习方式。信息时代的特点是快速的信息更新和多样化的知识来源。传统的被动、识记式学习方式已不能满足学生在这个时代的学习需求。因此，转变学生的学习方式，特别是倡导自主探究式学习，成为高校英语教育的重要目标。自主探究式学习要求学生主动寻找信息，独立思考，从而更好地适应快速变化的社会和工作环境。通过自主探究，学生不仅能获得知识，还能获得解决实际问题的能力，这对于他们的终身发展至关重要。

在互联网环境下，高校英语教育还应引导学生进行团队合作式学习。当今社会工作环境越来越强调团队合作和社交技能，团队合作式学习有助于提高学生的沟通能力，学会倾听他人的意见，并与他人协作解决问题。团队合作不仅能提升学生的语言实践能力，还能培养学生的社交和协作技能，这些能力都是未来职场和社会生活中不可或缺的。

三、培养学生的核心素养

（一）核心素养的内涵

1. 未来个人发展和社会生活的必备能力与品格

核心素养包括在不断变化和不可预料的未来中，个人发展和社会生活所需的关键能力与品格。这意味着教育不仅要传授知识，还要培养学生适应未来社会的能力和品格。这些能力和品格包括创新思维、批判性思维、有效沟通、团队合作等，它们是学生在未来社会生活中获得成功的基础。在不断变化的世界中，这些能力和品格将帮助学生面对各种挑战，实现可持续发展。

2. 终身学习所需的学习能力与解决问题的能力

在现代社会，知识以几何级数增长，能力也在不断分化。这意味着学校教育无法穷尽所有知识和能力的传授。因此，核心素养不再局限于特定的知识点，还囊括了学生的学习能力、思维能力和解决问题能力。这些能力使学生能够在未来社会中终身学习，不断获得新知识和新技能。

3. 适应社会生活多元化和复杂性所需的综合素养

核心素养还强调适应社会生活的多元化和复杂性。现代社会生活越来越多元化和复杂化，存在着多样的价值观和生活方式。因此，学校教育应当超越单纯的知识传授，更加注重培养学生的综合素养，如文化理解力、道德责任感、社会参与意识等。这些素养有助于学生理解和尊重不同文化与价值观，有效地在多元社会中生活和工作。

（二）核心素养的培养目标

在互联网环境下，高校英语教育的核心素养培养目标包括以下几个。

1. 全面提升语言能力

在互联网时代，语言能力不仅限于传统的听、说、读、写、译五项基本技能，还应包括对数据和图表的理解与分析能力，即"看"的技能。培养全面的语言能力，可以使学生在多元的信息环境中进行交流。例如，通过网络资源，学生可以接触到不同类型的文本和多媒体材料，从而提高对信息的筛选、解读和应用能力。此外，互联网时代的语言学习不再局限于课堂，而是延伸到了网络平台、社交媒体、在线论坛等，学生获得了更广泛和多样的语言应用场景。

2.培养文化品格

互联网环境下的高校英语教育更加注重文化品格的培养。这不仅包括引导学生了解和理解不同的文化现象，还包括帮助学生坚守自身的文化立场和文化态度。通过网络资源，学生可以直接接触到不同国家和地区的文化，理解中西方文化的差异，获得跨文化交际能力。例如，教师可以引导学生比较分析不同国家的媒体报道，理解不同文化背景下的价值观念和社会现象，从而培养学生的全球视野。

3.优化思维品质

在核心素养的培养中，提升学生的思维品质至关重要。这不仅涵盖了与英语技能学习相关的思维能力的培养，还包括学生创新思维、批判性思维等思维方式的培养。互联网提供了丰富的资源和平台，学生可以通过参与在线讨论、开展项目研究等方式，提升自己的思维品质。这种思维品质的提升有助于学生更好地理解和应用所学知识，也符合高校英语教学改革的目标。

4.提升学习能力

学习能力的提升是互联网环境下高校英语教育的另一个重要目标。在互联网时代，学生可以利用网络资源自主学习，拓宽学习渠道，提高语言学习效率。同时，学生应该跳出课本和课堂的限制，通过网络平台、国际交流等方式拓宽自己的知识面和视野。这种学习能力的提升不仅对学生的语言学习有益，也为他们未来的职业生涯和个人发展打下坚实的基础。

四、增强学生的学习体验

（一）尊重学生个体差异

传统的高校英语教学往往让学生接受相同的教学内容，忽视了学生个体之间在学习风格、兴趣和能力上的差异。这种"一刀切"的教学模式无法充分发挥部分学生的潜能，甚至会使其学习兴趣下降。例如，对于对文学感兴趣的学生，传统的语法和词汇重点教学可能显得枯燥乏味；而对于对实用英语感兴趣的学生，文学分析则显得无关紧要。此外，传统教学通常侧重于教师讲授书本知识，较少提供个性化的学习建议或者根据学生具体情况调整教学内容。

相比之下，互联网环境下的高校英语教育能够更好地尊重学生的个体差异。利用网络平台和数字工具，教师能够提供更加个性化的教学内容，通过在线学习平台，教师可以根据学生的兴趣推荐相关的英语学习资源，如视频、播客或互动应用。这种个性化的学习体验更容易调动学生的兴趣，增强他们的学习动力。同时，基于学生的学习进度和能力水平，教师可以提供个性化的辅导，帮助学生在适合自己的节奏下学习和进步。这种个性化的教学方法不仅能激发学生的学习兴趣，还能有效提高学生的学习效率和成效。

（二）重视学习与实践相结合

互联网环境下的高校英语教育注重将学习与实践紧密结合起来。利用网络资源，教师可以为学生提供更多与实际语言使用场景相结合的学习机会。例如，教师可以引导学生参与线上国际交流活动，或者利用网络资源进行跨文化项目研究。这些实践活动不仅能帮助学生将所学知识应用于真实的语言使用场景中，还能增强他们对不同社会和文化背景的理解。通过这种实践体验，学生能够更好地理解语言的社会和文化背景，提升跨文化交际能力。这种学习体验有助于学生在实际使用英语的过程中更好地理解和适应不同的文化，培养学生成为具有国际视野和跨文化交际能力的人才。

第二节 互联网环境下高校英语教育的原则

在互联网环境下，高校英语教育的核心原则包括思想性原则、互动性原则、同步性原则、分配性原则和紧凑性原则。其中，思想性原则强调培养学生的全面人格和跨文化交际能力；互动性原则促进教师与学生及学生与学生之间的积极互动；同步性原则关注视听信息的结合，以提高理解能力；分配性原则着重于视觉和听觉通道的均衡使用，减轻认知负担；紧凑性原则主张教学内容精练，避免教学信息过载。

一、思想性原则

在互联网环境下的高校英语教育中，思想性原则是极其重要的。这一原则强调教育不仅仅是语言知识和技能的传授，更是对学生整体人格的培养。互联网时代的学生面临着前所未有的信息量和多样化的社会环境。这不仅要求他们具备分析和处理信息的能力，还要求他们能够在快速变化的环境中保持心理健康。人格健全和心理健康有助于学生有效应对来自各方的压力和挑战，从而更好地适应社会的发展和变化。同时，高校学生作为未来进入全球化社会的成员，需要具备跨文化交际与合作的能力。注重学生整体人格的培养，有助于他们更好地理解和尊重不同的文化，拥有开放和包容的心态，从而在全球化的背景下更加自信地表达自己，与具有不同文化背景的人进行有效沟通。

在互联网时代，教师可以将网络资源，如在线视频、社交媒体内容等，作为教学材料，这些材料不仅丰富多彩，更能吸引学生，促进他们积极参与学习。同时，这样的教学材料应有利于学生的性格塑造和心理发展，帮助学生拥有积极向上的人生态度和健康的心理状态。

思想性原则还要求教育不仅要关注语言知识的传授，还要重视文化意识的培养和价值观的形成。在互联网环境下，学生接触到的文化内容更为广泛和多元，因此教师应该引导学生正确理解和欣赏不同文化，增强他们的文化鉴别能力。教师还应该在教学中渗透爱国主义教育，帮助学生树立民族自尊心、自信心和自豪感，同时促进学生形成正确的人生观和价值观。坚持思想性原则对促进学生全面发展和培养其社会适应能力具有重要意义。通过这样的教育，学生不仅能掌握语言技能，而且能成长为具有国际视野和健全人格的社会成员。

二、互动性原则

教学活动从来都不是单向的活动，它需要教师的教和学生的学充分地结合在一起，教学活动产生的效果也并非取决于教师的教或者学生的学，而是取决于教学活动中教师与学生的互动程度，这一互动产生的效果就是教学活动的效果。在互联网环境下，高校英语教育的互动性原则至关重要，这一原则着重于教师与学生之间、学生与学生之间以及学习主体与教学内容之间的互动。互动性原则强调教学活动不仅仅是教师单向传授知识的过程，更是一个双向或多向交流和沟通的过程。在这一过程中，学生不再是被动的知识接受者，而是积极的学习参与者。他们通过与教师的互动，能够更深入地理解和消化教学内容，教师也能通过与学生的互动，更好地了解学生的学习需求和进展，从而做出相应的教学调整。例如，教师可以通过问答、讨论等方式激发学生的思考，引导学生主动探索和解决问题。

学生之间的互动同样是互动性教学的重要组成部分。在互联网环境下，学生可以通过线上平台进行小组讨论、协作学习等活动，这不仅能促进学生之间的知识分享和学习经验交流，还能增强学生的社交能力和团队合作能力。在这样的学习环境中，学生能够从同伴的角度获取新的视角和思考方式，从而更全面地掌握和运用英语知识。以在线协作项目为例，在此类项目中，学生可以与来自世界各地的其他学习者一起，通过网络平台共同完成项目，如在线创作英语短剧、进行英语辩论等。这些协作项目不仅提高了学生的英语沟通能力，还锻炼了他们的团队合作和跨文化交际能力。通过这些活动，学生既能在实际语境中应用英语，也能从同伴那里获得新的知识和见解，这对于提高他们的语言技能和文化理解能力都是有益的。

三、同步性原则

同步性原则源于时空效应理论。这一原则强调，在教学过程中，同步呈现言语信息和视觉信息，能够显著提高学习效率和效果。这种同步性的教学方法利用了工作记忆的机制，将听觉信息和视觉信息同时呈现给学生，帮助他们更好地理解和记忆教学内容。例如，当学生学习新的英语词汇或短语时，同时听到单词的发音和看到单词的拼写，可以帮助他们更快地记住和掌握这些新知识。这种方法尤其适用于那些复杂的语言结构或文化概念的教学，它可以通过视觉和听觉的结合，使学生更容易理解和吸收这些知识。

互联网技术为实施这种同步性教学提供了可能性。通过在线视频、动画等多媒体资源，教师可以创造更加丰富和生动的教学环境。这些资源能够同时提供视觉信息和听觉信息，使学生在学习过程中获得更加完整和直观的体验。例如，教师可以使用视频材料讲解英语语法点，视频中不仅包含语法规则的解说，还有相应的例句和图像辅助说明，可以帮助学生更快地理解和记住语法知识。同时，这种同步性教学也适用于跨文化教学，将文化背景的描述和相关的视觉图像结合起来，教师可以更有效地向学生传达跨文化知识。

四、分配性原则

高校英语教育要遵循分配性原则是因为视觉通道和听觉通道是学生

两种主要的信息接收渠道，它们在教学过程中扮演着至关重要的角色。分配性原则的实施，就是要充分利用这两种通道的特点，以提高学生的学习效率并减轻学习负担。视觉通道是指学生通过视觉感知获取信息的途径。在高校英语教学中，视觉通道可接收包括文字、图片、图表、动画、视频等形式的信息，听觉通道则是指学生通过听觉感官接收信息的途径。在高校英语教学中，听觉通道通常参与听力练习、口语交流等。

分配性原则强调了教学资源在视觉通道和听觉通道上的均衡分配，目的是提高学生的学习效率，减轻学生的学习负担。这一原则的核心在于，学生的工作记忆是有限的，因此教师在呈现教学内容时需要考虑如何有效利用视觉通道和听觉通道，以便学生更好地处理和吸收教学信息。分配性原则要求避免设计过度依赖单一感官通道的教学材料。例如，在线英语教学中，如果同时以视觉形式呈现大量的文本信息和复杂的图像，学生需要同时处理这两种信息，会导致视觉通道的负荷过重，从而影响学习效果；相反，如果部分信息通过听觉通道呈现，如通过讲解声音而不是纯文本来传达重要概念，同时利用图像或动画辅助说明，就可以更有效地分配认知资源，减少学生的视觉负担。

分配性原则在多媒体英语教学中十分重要。在互联网环境下，教师可以利用各种多媒体工具来丰富教学方式，包括通过在线视频演示具体的英语情景对话，同时提供音频解释和文字字幕。这样的教学方式同时利用了视觉通道和听觉通道，引导学生通过不同的感官通道获得信息，进而帮助学生更全面地理解和掌握英语知识。分配性原则还强调教学活动中的互动和反馈。在互联网环境下，教师可以通过在线问答、互动讨论等方式，鼓励学生积极参与课堂教学活动。这种互动不仅可以提高学生的参与度，还可以帮助教师及时调整教学内容和方式，确保教学活动既能刺激学生的视觉通道和听觉通道，又能符合学生的学习需求和认知特点。

五、紧凑性原则

紧凑性原则在互联网环境下高校英语教育中起着关键作用，这是因为它有助于优化言语信息和图像信息的组合，从而提高学习效率。紧凑性原则的核心思想是减少不必要的信息，确保教学内容简洁、直接而富有针对性。在互联网环境下，这一原则尤为重要，因为学生面对的是一个充满各种刺激和干扰的数字世界，过多的信息容易导致注意力分散和认知负担增加。

紧凑性原则与多余信息效应理论密切相关，多余信息效应理论是指过多的信息会干扰学生对关键信息的处理。多余信息效应理论认为，在互联网教学中，教师应避免在课件或在线材料中加入过多无关的装饰性图像或背景音乐，虽然这些元素可能增强视觉或听觉上的吸引力，但也会分散学生的注意力，影响他们对核心教学内容的理解。例如，如果在讲解某个英语话题时，课件中包含了与主题无关的动画或音乐，会使学生的注意力从教学内容上转移，从而降低学习效果。因此，紧凑性原则强调的是在设计教学材料时应精简内容，确保每部分都直接服务于教学目标，从而提高整体的教学效果。

又如，在进行线上英语课程设计时，教师应避免使用过多的文字描述和复杂的图表，应使用简洁明了的句子和清晰的视觉辅助材料呈现关键概念。假设教师在讲解现在完成时的用法时，教师不用提供长篇的理论解释，可以通过一个简短的视频示例帮助学生理解这种语法时态的概念与应用（其中可包含实际对话场景，辅以简洁的文字说明和示例句子）。这种方法不仅能更快地吸引学生的注意力，还能帮助他们迅速理解和记忆所学内容。也就是说，通过限制信息的量，教师能够使学生的注意力更集中于关键点，从而避免认知过载。

第三节　互联网环境下高校英语教育的创新

互联网环境下高校英语教育的优势体现在多个方面，主要包括教育理念、教学流程、教学内容、教学模式、教学评价的创新改革以及师生角色的转变。

一、教育理念的创新

教育理念是指在教育过程中遵循的基本观点和原则，它决定了教育的目标、内容、方法和手段。在互联网时代，特别是在高校英语教育领域教育理念经历了显著的创新和转变。

（一）强调英语实用能力的教育理念

互联网强化了英语作为全球化交流工具的重要性。在航空、航海、体育、国际贸易以及科技等领域，英语的作用不断扩大。这一现象促使高校英语教育更加注重实用性和国际性。传统的以文学作品赏析、语法知识传授为主的教学正在向培养学生交际能力的方向转变。这包括加强口语和听力训练以及培养学生在国际场合运用英语的能力。这一转变意味着英语教学不再是局限于课本和理论知识，而是更多地融入实际应用场景，如商务沟通、学术交流、国际新闻理解等。

（二）以学生为中心的教育理念

传统的英语教学是教师主导的一种单向传递知识的过程，教师在课堂上讲授，学生则被动接受。这种模式虽然可以传授大量知识，但难以充分激发学生的学习积极性。在互联网教育背景下，高校英语教育应更加注重学生的主动学习和参与。慕课、微课、翻转课堂等新型教学模式的出现，正是这种理念变化的具体体现。在这些模式中，学生不再被动地接受知识，而是积极参与学习过程，通过在线课程、视频讲座、互动讨论等方式主动获取知识，并在课堂上与教师和同学进行更深层次的交流和探讨。

二、教学流程的改革

在互联网教育背景下，高校英语教学的流程发生了显著变化。知识的传授被转移到课前，学生通过观看视频等方式自主学习新知识，课堂则变成了一个进行深入讨论、分析和应用的互动平台。这种互动性强的课堂教学环境有助于培养学生的批判性思维和解决问题的能力，同时鼓励学生之间的合作和交流，增强了学习的社交维度。

布卢姆（Benjamin Samuel Bloom）将学习目标划分为理解、记忆、分析、应用等部分。在新的教学流程下，教师可根据学习目标实现难度将教学分为不同的阶段。教师可将难度相对较低且需要学生自主选择和控制的学习环节，如理解和记忆，安排在课前，学生通过自主学习的方式完成。这使学生可以按照自己的学习节奏和能力处理这些相对基础的知识点，提高学习的效率和效果。

相反，对于那些难度较高且需要教师指导和学生互助的学习环节，如分析和应用，教师可将其安排在课堂教学中进行。在课堂上，教师可以提供必要的指导，帮助学生深入理解复杂的概念，并通过学生与学生间的互动和合作，深层次理解和应用知识。这种分阶段的学习方式使每个学生都能在自己擅长的领域取得进步，并在需要帮助的领域得到适当的支持和指导。通过这种方式，互联网教育环境下的高校英语教学能够更有效地满足不同学生的学习需求，促进其个性化学习的实现，同时提高教学的整体质量和效果。

三、教学内容的丰富

互联网环境下高校英语教育的教学内容更加丰富，这一点可从三个角度论述：教学资源的多样性、实践性以及跨学科融合。

(一) 教学资源的多样性

互联网技术的引入极大地扩展了高校英语教学的资源。传统的教学资源局限于教科书和教师的个人知识储备，而互联网提供了海量的教学资源，包括在线数据库、教育机构网站、电子期刊和电子书等。这些资源不仅覆盖了各种主题，还提供了多种视角和思考方式，从而极大地丰富了教学内容。学生可以通过互联网接触到不同国家和地区的英语使用情境，理解多元文化背景下的语言表达，这不仅提高了他们的语言水平，也拓宽了他们的国际视野。

1. 在线数据库

在线数据库为高校英语教育提供了丰富的学术资源。这些数据库涵盖了从图书馆目录到专门领域的数据库，如科技论文、学位论文和会议文献等。例如，美国教育资源信息中心（Education Resources Information Center, ERIC）作为一个重要的教育学数据库，为教师和学生提供了海量的教育相关文献，这对于英语教学和学术研究十分有益。通过这些数据库，学生和教师可以获取最新的研究成果、教学理论和实践案例，极大地丰富了教学内容和研究视角。此外，许多数据库还提供了高级检索功能，使用户能够根据特定的需求快速找到所需的资料。

2. 教育机构的网站

各类教育机构的网站为高校英语教育提供了宝贵的信息资源。这些网站包括政府教育机构网站、科研院校网站以及信息服务机构网站。信息发布者的身份不同，发布的教育信息也不同。例如，中国科学院网站提供了丰富的教育政策、学术动态和研究成果。这些网站不仅为英语教学提供了官方和权威的信息资源，还为学生提供了了解教育动态、参与学术交流的窗口。通过这些网站，学生可以接触到不同国家和地区的教育文化，增强跨文化交际能力。

3.电子期刊和电子书

电子期刊和电子书作为互联网环境下高校英语教育的重要资源，对于提高教学质量和学习效率具有重大意义。这些资源的多样性和易获取性为英语教学带来了新的发展机遇。

电子期刊的主要优势在于其时效性和多样性。电子杂志、电子报纸、电子新闻和信息服务等不仅提供了最新的学术研究成果和全球新闻，还包括了各种专业评论和分析。例如，与 TESOL（Teaching English to Speakers of Other Languages，为其他语言者教授英语）相关的大量电子期刊都是教学和学习的宝贵材料。教师可以利用这些资源更新教学内容，丰富课程材料，同时鼓励学生订阅并阅读这些资料，作为他们学习的补充。通过电子期刊，学生可以接触到国际上最新的英语教学法和语言学研究，这不仅有助于提升他们的语言能力，还能拓宽他们的学术视野。

电子书作为新型的学习材料，以其交互性和超媒体化特点，为学生提供了更为丰富的学习体验。电子书通常具有搜索、快速访问和个性化阅读等功能，使学习过程更加灵活和高效。当前，许多教育机构的网站提供了大量的电子书资源，这些资源涵盖了从基础语言学习到高级英语研究的各个方面。教师和学生可以根据自己的需求选择合适的电子书进行阅读与研究。这不仅为学生提供了更多的学习材料，还为学生提供了更多的自主学习机会。

（二）教学资源的实践性

互联网技术使高校英语教学内容更加贴近实践应用。通过网络，学生可以直接接触到英语在现实生活中的实践应用，如商业沟通、科技交流、国际新闻等。教师可以利用真实的网络环境设计课程，例如，使用国际会议视频教授学术英语，或者通过在线商务平台教授商务英语。这种教学方式不仅提高了学生学习的兴趣和动力，也使他们能更好地将所学知识应用于实际场景中。

(三)教学资源的跨学科融合

互联网为高校英语教学资源提供了跨学科融合的可能。传统英语教学往往专注于语言本身,而互联网使教师可以轻松地将其他学科的内容融入英语教学。例如,教师可以结合经济、历史、科技等专业知识,设计跨学科的教学课程。这种融合不仅提高了学生对英语学习的兴趣,也帮助他们在学习语言的同时,拓宽了专业知识面和思维。

四、教学模式的创新

(一)互动式学习模式

在互联网环境下高校英语教育改变了传统的高校英语教学模式,从教师主导转变为以学生参与和互动为主的新型学习方式。在这种模式下,学生不再是被动的知识接受者,而是积极参与者和共同创造者。例如,利用在线论坛和社交媒体平台,学生可以与同学和教师进行实时交流,分享自己的见解,提出问题,并从他人的回答中发现新的视角。这种互动式学习提高了学生的参与度,使他们在学习过程中更加积极主动。同时,这种学习方式有助于提高学生的批判性思维和解决问题的能力。

此外,互动式学习模式通过互动式学习软件和在线小组讨论等方式,让学生在更加真实的环境中运用英语。例如,在模拟商务会谈的在线角色扮演游戏中,学生需要使用英语与其他参与者沟通和协作,以完成特定的任务。这种互动式学习不仅提升了学生的英语语言技能,还锻炼了他们的团队合作能力和跨文化交际能力。通过这种方式,学生可以在具有挑战性的情境中实际应用所学知识,从而更深入地理解和掌握英语。

(二)创新技术的应用

互联网技术在高校英语教育中的应用为教学方法和学习体验带来了革命性的变化。翻转课堂就是其中一个典型例子,它通过网络资源使学生在课前自学,而将课堂教学时间用于更深层次的讨论和实践。这种模式有效地利用了互联网的优势,使学生可以根据自己的节奏和兴趣进行学习,同时增加了课堂教学中的互动和讨论时间。例如,教师可以在课前通过在线平台发布视频讲座和阅读材料,学生在课前观看和阅读后,在课堂上便可以专注讨论疑难点和进行小组合作项目。

大数据分析和人工智能技术等创新技术的应用使教师可以对学生的学习行为进行实时监控和分析,了解每个学生的学习进度和难点,从而提供更个性化的指导和支持。例如,利用学习管理系统收集的数据,教师可以发现学生在某个语法点上普遍存在的错误,然后有针对性地调整教学策略或提供额外的辅导材料。此外,人工智能技术可以用于开发个性化的学习路径和智能辅导系统,帮助学生根据自己的能力和进度进行学习,同时提供及时的反馈和建议。这些技术的应用不仅提升了教学的有效性,还极大地改善了学生的学习体验,使教学方法更加多元化、更加灵活。

五、教学评价的改进

(一)多样化和实时性的评价方法

互联网技术的应用为高校英语教学评价带来了更多样化和实时性的评价方法。传统的评价方式依赖纸质考试和定期作业,而互联网提供了在线测试、即时反馈工具等多种新型评价工具。这些在线工具允许教师实时跟踪学生的学习进度和理解程度,及时调整教学策略。同时,多样化的评价方式,如论坛讨论、在线演讲、互动式问答等,可以更全面地评估学生的语言能力,包括听、说、读、写各方面,从而提供更全面、更客观的评价。

(二)个性化和精准化的学习反馈

互联网技术使高校英语教学评价更加个性化和精准化。通过数据分析工具,教师可以获得关于每个学生学习状况的详细数据,如学习活动的参与度、错误类型、进步速度等。这使教师能够根据每个学生的具体情况提供个性化的反馈和辅导建议，从而更有效地帮助学生进步。个性化的评价和反馈不仅有助于提高学生的学习动力，还能帮助他们更准确地了解自己的优势和改进点。

（三）形成性评价的实施

互联网技术的发展促进了高校英语教学中形成性评价的实施。形成性评价注重对学生学习过程的持续跟踪和评估，目的在于及时发现问题并给予指导，从而促进学生的持续进步。互联网平台提供的多种互动和反馈工具，如在线测验、学习管理系统等，为形成性评价的实施提供了便利。这种持续的评价方法不仅有助于教师及时调整教学策略，也使学生能够在学习过程中获得持续的支持和指导。

六、师生角色的转变

（一）教师角色的转变

在互联网环境下，教师角色从传统的知识传授者转变为引导者和协助者。教师不再是课堂的唯一信息来源，而是成为学生学习过程中的导航者，帮助他们在海量的网络资源中找到合适的学习材料，引导他们有效地学习和思考。同时，教师扮演着学习活动的组织者和协调者的角色，设计和实施互动性强的教学活动，鼓励学生主动参与和深入探讨。

（二）学生角色的转变

互联网技术的应用使学生在学习过程中的主动性显著增强。学生不再是被动接收知识的容器，而是成为主动获取和构建知识的主体。在这一环境下，学生可以根据自己的兴趣和需求选择学习资源，自主安排学习时间和进度。此外，学生还被鼓励在网络平台上与其他学生进行讨论和协作，这种互动和合作的学习方式有助于提升他们的英语实际运用能力和批判性思维能力。

(三) 师生互动方式的变化

互联网技术的引入改变了高校英语教学中师生之间的互动方式。在线教学平台、社交媒体和各种协作工具使师生之间的沟通更加便捷。教师可以通过这些工具提供及时反馈和辅导，而学生也可以随时提出问题和分享想法。这种灵活多变的互动方式不仅使学习更加高效，也增强了教学的适应性和个性化。

第四节 互联网环境下高校英语教育的挑战

一、学生的线上沉默反应

在互联网环境下进行的高校英语教育面临着学生线上沉默反应的挑战，这主要是由于网络课程教学中缺乏面对面的交流，学生的参与度和反应在很大程度上依赖于自身的自觉性。与传统课堂教学相比，线上教学很难为学生创造出紧张、专注且融洽的学习氛围，教师也难以像在传统课堂教学中那样进行有效监督。这种环境导致了学生的参与度下降，容易出现沉默或"潜水"状态，即使在课堂上也缺乏积极的反馈和互动。

线上沉默反应的产生还与教学内容、教学方式和教师的互动方法密切相关。当线上教学内容过于难或技术操作过于复杂，超出学生的理解范围和生活经验时，学生可能不知道如何表达自己的观点和疑问。此外，教师为了推广线上资源而设置的教学奖惩机制，可能会给学生带来被迫参与感，这种被强制的感觉不利于学生的主动学习和自然表达，反而可能引起学生对教学活动的沉默和抵触。除此之外，学生的线上沉默也与传统教学中的教师教学权威有关。在传统课堂教学中，教师通常是教学活动的主导者，而学生处于被动接受的状态。这种教学关系在学生心中根深蒂固，难以改变。在网络教学环境下，学生可能在教师的权威下而感到压力，从而压抑自己的真实行为和观点，导致沉默现象的发生。

二、学生的自我管理能力

在互联网环境下高校英语教育中，学生的自我管理能力成为具体教育教学工作顺利开展面临的挑战之一。在线学习要求学生具备较强的自律性，以便有效地管理自己的学习时间并集中注意力。这对于那些习惯于传统课堂教学的学生尤其具有挑战性。

（一）时间管理能力

时间管理是在线学习管理中的一个重要方面。与传统课堂教学不同，线上教育通常缺乏固定的课程时间表和实体的教室环境，学生需要自行规划和分配学习时间。这种灵活性虽然带来了便利，但也容易导致拖延和时间管理不善。学生可能会在家庭、社交和学习之间找不到平衡点，尤其处于诱惑和干扰较多的家庭环境中时。此外，由于缺乏教师的直接督促和同学的即时互动，一些学生可能难以保持规律且连续的学习过程。因此，培养良好的时间管理习惯，学会合理安排学习和休息时间，成为学生在线学习中的一项重要技能。

（二）学习动机的维持

使学生维持学习动机和集中注意力是线上教育面临的挑战之一。在传统课堂教学中，学生的学习动机在教师的直接激励和同学的间接影响下得以保持。而在线上教学中，学生更多地依靠内在动机来推动自己的学习。这就要求学生具备较强的自我激励能力，能够在没有外部压力的情况下持续学习。此外，由于网络环境中的多种干扰因素，如社交媒体、网络游戏和其他数字娱乐内容，学生很容易分心，难以长时间集中注意力学习。因此，学生需要学会如何有效地避免这些干扰，保持对学习内容的持续关注。这不仅涉及学习习惯的培养，还包括对自身行为的控制和调整。

三、技术和资源不均衡问题

在互联网环境下,高校英语教育面临的另一个挑战是技术和资源的不均衡问题。这些问题不仅影响教学质量,还会对学生的学习体验产生负面影响。

(一)技术问题

技术问题如不稳定的网络连接、软件兼容性问题、缺乏必要的硬件设施等都可能影响在线教学的效果。不稳定的网络连接可能导致学生在收听课程或参与在线讨论时经常遭遇中断,这会降低他们的学习兴趣和参与度;软件兼容性问题可能导致一些学习资源无法在所有学生的设备上正常运行,从而限制了学生获取知识的机会;缺乏必要的硬件设施,如个人电脑或稳定的互联网接入,会使学生尤其是在偏远或经济欠发达地区的学生无法顺畅地参与在线教学活动。这些技术限制不仅影响学生的学习效果,还可能加剧教育资源的不平等分配。

(二)学生的在线学习技术

学生对在线学习技术熟练程度的不一致也是一个挑战。在数字时代,学生对技术的掌握程度差异很大。一些学生很快就能适应新的在线学习平台和工具,另一些学生需要长的时间来适应。技术熟练度低的学生会在操作平台和软件时遇到困难,从而影响学习效率和学习体验。一些学生可能不知如何使用在线论坛或教学软件参与讨论或提交作业,这可能导致他们错过重要的学习机会或无法及时完成学习任务。而对于一些复杂的技术工具,如数据分析软件或高级教育平台,学生可能需要额外的培训和指导才能有效使用。

四、评估和反馈机制的调整

在互联网环境下开展的高校英语教育中,评估和反馈机制的调整是一个重要挑战。在线学习环境的特点使对学生学习效果的评估和反馈过程复杂化，需要教师采取新的策略和方法来应对。

（一）评估的公正性和准确性

评估学生学习效果的难度在于如何确保评估的公正性和准确性。在传统的课堂教学中，教师可以通过观察学生的课堂表现、口头回答以及纸质作业来评估学生的学习情况。然而，在在线教学环境中，这些直接的评估方式受到限制，像线上考试或线上作业可能存在作弊的风险，且难以准确反映学生的真实水平。同时，由于网络教学的匿名性和物理隔离，教师难以全面掌握学生的学习态度和行为，这可能影响评估的全面性和准确性。因此，如何设计有效的在线评估机制，如开放式问题、项目作业、同行评审等，以及如何利用技术手段防止作弊和确保评估的公平性，成为在线英语教育的重要挑战。

（二）及时反馈的提供

提供及时和个性化的反馈在在线教学中同样充满挑战。在在线教学环境中，教师可能难以及时地对学生的作业或提问给予反馈，特别是在学生人数众多的情况下。缺乏及时的反馈可能导致学生的问题和误解得不到迅速解决，从而影响他们的学习动力和学习效果。个性化反馈在在线教学中更加困难，因为教师缺乏与学生面对面交流的机会，难以充分理解每个学生的个人需求和学习难点。因此，教师需要探索新的反馈方式，如视频反馈、在线讨论会、个性化电子邮件等，以确保每个学生都能获得有针对性的指导和支持。

第四章　互联网环境下的高校英语教育理念

第一节　自主学习教育理念

一、自主学习的定义

自主学习是当代教育领域中的一个重要概念，特别是在高校英语教育中，其重要性日益凸显。自主学习可以定义为学生对自己的学习进行主动性构建的过程，这一过程基于教育的民主化、终身化和个性化等现代教育理念。现代教育理念如人本主义教育理念对自主学习产生了深刻影响。人本主义教育理念强调学生的个性、兴趣和需求，提倡学生在学习过程中发挥主动性和创造性。在这种教育理念下，学生被鼓励根据自己的兴趣和需要选择学习内容，参与协商学习和共同讨论，从而在学习过程中实现自我发展和自我实现。同时，教师不仅关注学生知识的掌握，还关注学生情感和认知的发展，支持学生在学习过程中建立自信和自主性。在这种学习模式下，学生不再是被动接受知识的对象，而是学习过程的主导者，负责制定自己的学习目标、选择学习材料、规划学习路径，并对学习成果进行自我评估。

自主学习强调学生的主动参与和自我驱动。与传统的被动接受教师指导的教学模式不同，自主学习要求学生在学习过程中发挥主体性，通过自我反思、自我监控来推动学习进程。这种学习方式使学生能够根据个人兴趣、学习风格和目标进行学习，从而更有效地吸收和理解知识。例如，学生可以根据自己对某个英语话题的兴趣，选择相关的阅读材料和学习资源，通过自我设定的学习计划掌握和运用新知识。

自主学习的实施需要适当的外部支持和环境。虽然自主学习强调学生的主体地位，但这并不意味着完全摒弃教师的指导和外部资源的利用。相反，有效的自主学习需要教师提供适当的指导、反馈和资源。教师的角色转变为辅导者、引导者和支持者，他们帮助学生设定合理的学习目标，提供必要的学习策略和资源，并在学生遇到困难时给予支持和帮助。此外，学校和教育机构提供的学习平台、在线资源和学习社群也对促进学生的自主学习至关重要。

二、自主学习的意义

（一）时代发展的需求

1.适应知识更新换代的速度

随着知识经济时代的到来，知识的增长速度很快，更新周期显著缩短。这种趋势要求个体不仅要在学校学习基础知识和技能，还要在毕业后继续学习，以适应不断变化的工作和生活环境。在这种背景下，自主学习成为个体终身学习的关键。它强调学生主动寻求知识，自我驱动地学习新技能，以适应快速变化的社会和技术环境。自主学习使个人能够更灵活地应对职业生涯中的变化，使其在知识和技能的获取上不受时间和空间的限制。通过自主学习，个人能够持续更新知识储备，增强自身的竞争力和适应性。

2.培养创新型人才的必要性

创新型人才的培养在现代社会变得尤为重要。随着科技的进步和经济全球化的深入发展，社会对具有创新能力和独立思考能力的人才需求日益增加。自主学习培养了学生的主动求知和探索精神，这对于创新思维的发展至关重要。自主学习鼓励学生不仅仅接受现有的知识，还应积极探索新知识、新技能,并将其应用于实际问题解决中。这种学习方式有助于培养学生的创造力、批判性思维能力和解决问题的能力,这些能力是现代社会对创新型人才的基本要求。同时,自主学习可促进个人的个性发展和心理健康,为学生提供挖掘自我潜能和追求个人兴趣的机会。

(二)教育发展的要求

1. 顺应高校教育发展的趋势

随着网络和多媒体技术在教育领域的广泛应用,高校教育的教学模式和手段正在经历深刻的变革。这种变革的一个核心方面是对学生自主学习能力的培养,这不仅顺应了高校教育发展的趋势,也反映了现代教育理念的转变。

网络和多媒体技术的运用使教育资源更加丰富和多样化,为学生提供了更加广泛的学习渠道和工具。这种技术环境的变化促使传统的以教师为中心的传授知识模式转变为更加注重学生主体性的教学模式。在这种新的教学环境下,学生被鼓励主动寻找信息、探索知识以及利用网络资源进行自我学习和研究。这种自主学习的过程不仅增强了学生的信息筛选和处理能力,也提升了他们的批判性思维能力和创新能力。

自主学习在教育模式创新中扮演着至关重要的角色。西方日益流行的"自学、交流、评价、完善、总结"五程序教学法就是一个典型的例子。这种教学法通过鼓励学生自主学习、与同伴交流、自我评价、不断完善和深入总结,培养了学生的自学能力和合作精神。这不仅促进了学生对知识的深入理解和应用,也培养了他们终身学习的能力和习惯。在快速变化的社会和工作环境中,具备自主学习能力的个体能够更好地适应新的挑战,持续更新自己的知识和技能。

因此,自主学习的意义在于其不仅与高校教育的发展趋势相契合,也是现代教育理念的体现。在这种教育模式下,学生被看作主动的学习者,他们不再是依赖教师传授知识,而是通过自主探索、互动交流和反思总结实现知识的获取和能力的提升。这种学习方式不仅为学生的个人发展奠定了坚实的基础，也为社会培养了能够适应未来变化和挑战的创新型人才。

2.促进学生的全面发展

自主学习对于学生的全面发展具有深远的意义，这不仅表现在促进学生主体性、主动性和自觉性的发展上，还涉及学生个性、能力和心理品质的全面提升。

（1）自主学习能够显著促进学生的主体性发展。在自主学习过程中，学生不再是被动的知识接收者，而是变成了主动获取知识的主体。这种学习方式鼓励学生根据自己的兴趣和需求选择学习内容，设定学习目标，制订学习计划，并在学习过程中自我监控和评估。通过这种方式，学生不仅仅学习到知识和技能，更重要的是在学习过程中形成了自我管理、自我驱动和自我实现的能力。这种主体性的培养有助于学生在未来的学习和工作中更加独立与自信。

（2）自主学习对学生主动性的发展也非常关键。它促进了学生的适应性、选择性、竞争性、合作性和参与性。在自主学习环境中，学生不仅需要适应不断变化的学习资源和方法，还需要在众多信息中做出选择，发展竞争和合作能力，并主动参与学习活动。这些能力对学生未来在社会和职场中获得成功至关重要。例如，自主学习使学生习惯于在复杂和不确定的环境中寻找解决方案，培养了他们解决问题的能力和创新能力。

三、自主学习的特征

自20世纪80年代以来，国内外众多学者围绕自主学习进行了不断研究和探索，尽管他们研究的角度和方向不同，有的学者将自主学习看作一种学习活动，有的学者将其视为一种学习过程，还有的学者认为其是一种模式。但是，无论持何种观点，他们对自主学习的特征分析都存在共同之处，即自主学习的特征包括自立性、自为性以及自律性。

（一）自立性

自立性是学生在自主学习时心理认知结构的独特体现。每个学生都具有独特的心理认知系统，他们通过自我分析、自我思考、自我领悟和自我反思进行学习。这种独特性使每个学生在学习中形成了自己独有的认知方式和思维模式，从而在学习过程中发展个性化的学习策略和方法。

自立性作为自主学习的核心特征，在学生的独立性、内在渴望以及独立能力上得到了充分体现。首先，自立性体现在学生的独立性上。独立性意味着学生作为自主学习过程中的独立个体，必须对自己的学习负责，并主动参与和承担学习活动。这要求学生自我驱动、自我规划学习过程，包括选择学习资源、设定学习目标和评估学习成果。这种学习方式强调了个体的主动性和自发性，鼓励学生根据自己的兴趣和需求进行学习。其次，自立性体现在学生对独立性的内在渴望上，这种渴望成为自主学习的动力源泉。学生在自主学习过程中通过不断探索和实践，逐步实现了自我独立，不仅满足了对独立性的渴望，也促进了个性的成熟和自我实现。最后，自立性体现在学生的独立能力上，其中包括具备自我意识的独立个体所拥有的独立能力和学习潜能。这些能力和潜能使学生能够自我调整和自我监控学习过程，是自主学习成功的关键，也是学生在未来社会生活中不可或缺的能力。

（二）自为性

自为性是自主学习的重要特征之一，它涵盖了自我探索、自我选择、自我建构和自我创造等方面，体现了学习主体在学习过程中的主动性和创造性。

1. 自我探索

自我探索通常由个人的好奇心驱动，是学生对知识的主动追求和探索。在这个过程中，学生不仅寻求对特定主题或领域的深入了解，还通过探索来满足内在的求知欲。这种自我探索不仅增加了学习的深度，还有助于学生发展批判性思维和解决问题的能力。

2.自我选择

在众多的信息和知识中,学生会根据自己的兴趣和需求进行选择,这一过程体现了学生的个性化和目标导向性。自我选择不仅包括选择学习内容,也包括选择学习方法、学习时间和学习环境。通过这种方式,学生能够更有效地利用资源,提高学习效率,增强学习的动机和参与度。

3.自我建构

学生在接受新知识的同时,会根据自己的经验和现有认知结构对这些知识进行整合和同化,形成新的认知结构。这一过程不仅涉及对信息的加工和理解,还包括对原有知识的重新评估和重构。自我建构有助于学生对知识进行更加全面和深入的理解,也促进了其思维的发展和对知识的创新。

4.自我创造

自我创造是学生对知识和经验进行深层次加工和创新的过程,它要求学生不仅理解和记忆知识,而且能在此基础上产生新的想法和见解。这种自我创造过程通常涉及对问题的深入思考、创新解决方案以及创造新知识。通过自我创造,学生能够发展出独立的思维模式,促进学生个性的发展和智力的提升。

(三) 自律性

自律性是自主学习的一个关键特征,它体现了学生在学习过程中的自我管理和自我约束能力,这种能力对于学习效果的提升至关重要。

1.对学习行为的严格要求

在自主学习中,学生需要自我设定学习目标、规划学习路径、安排学习时间和评估学习成果。这一过程要求学生具备高度的自觉性和自我控制能力。例如,学生需要自我约束以避免分心,坚持按照既定计划学习,即使在面对困难或干扰时也能保持学习的连续性和稳定性。这种自律能力使学生能够在没有外部监督的情况下持续、有效地学习。

2.强烈的责任感

在自主学习过程中，学生不仅要获取知识和技能，还要推动自身的成长和发展。这种责任感激励学生积极探索新知识，主动解决学习中的问题，并对学习过程和结果负责。责任感增强了学生的目标导向性，使他们更加专注于学习活动，并在面对挑战时显示出更大的毅力和决心。

3.持之以恒的学习态度

在自主学习过程中，学生需要持续地投入精力和时间，这往往需要强大的意志力。自律的学生能够在长期学习过程中保持动力和活力，不因暂时的失败或挫折而放弃。这种持之以恒的学习态度对于拓宽学习的深度和广度至关重要，有助于学生在学习中取得实质性的进步和成长。

四、自主学习的影响因素

（一）内部因素

1.动机与目标设定

个人内在动机在自主学习中发挥着核心作用。学生的求知欲、成就感、自我实现需求等是推动其积极参与学习的主要动力。例如，一个对特定领域充满好奇的学生可能会投入更多的时间和精力去深入探索该领域。同样地，成就感和自我实现需求能够激励学习者克服学习过程中的障碍。明确的学习目标对于自主学习同样至关重要。这些目标不仅为学生提供了学习的方向，还有助于学生维持动力和专注度。设定的目标应当具体、可测量、可达到、相关性强且时限明确。设定目标可以帮助学生更有效地规划和监控自己的学习进程，从而提高学习效果。

2.自我效能感

自我效能感是指个体对自己完成特定任务能力的信念。在自主学习环境中，高自我效能感的学生通常更有自信面对学习挑战，即使在困难面前也不轻易放弃。自我效能感来源于过往的成功经验、他人的励志言论、模仿他人的成功以及对个人情感状态的管理。例如，一个在过去学习中取得好成绩的学生可能对未来的学习任务有更高的自信。另外，教师和同伴的鼓励、支持也能显著提高学生的自我效能感。此外，良好的情绪调节能力也能增强个体面对挑战时的自信心。

3.学习策略与技能

自主学习要求学生掌握与运用有效的学习策略和技能。这些策略和技能包括但不限于时间管理、信息检索、批判性思维、记忆技巧和问题解决能力。例如，时间管理技能可以帮助学生更高效地分配学习时间，避免拖延；信息检索技能使学生能够快速找到所需资料；批判性思维有助于学生分析和评估信息，形成独立见解；而记忆技巧和问题解决能力则直接影响学生的学习能力和学习效果。这些技能不仅提升了学生的学习效率，还有助于学生在面对复杂问题时做出合理决策。

4.情感因素

学生的情感状态对自主学习具有显著影响。积极的情感状态，如自信、充满兴趣和愉悦，能显著提升学习效率和学习动力。例如，对学习内容感兴趣的学生往往更加投入，能更深入地掌握知识。相反，负面情感如焦虑、恐惧和挫败感可能阻碍学习，导致学习效率下降。因此，有效地管理情绪，如通过放松训练、正面思考和寻求支持来减少焦虑，对于保持良好的学习状态至关重要。学生应学会认识和调控自己的情绪，以保持一个积极和乐观的学习心态。

（二）外部因素

1.学习资源和环境

学习资源和环境在自主学习中扮演着至关重要的角色。可获取的学习材料，如书籍、学术文章、在线课程和视频，可帮助学生拓宽视野和深化理解所学知识。高质量的学习资源能够更好地满足学生的个性化需求，提高其学习兴趣和动力。此外，技术工具如电子设备、学习管理系统和互联网，为学生提供了便捷的学习途径和互动平台，极大地提高了学习的灵活性和效率。同时，安静舒适的学习空间也是必不可少的，它能帮助学生集中注意力，减少干扰。一个良好的学习环境不仅能提高学习效率，也有助于维持学生的情绪稳定和持久的学习动力。

2.社会文化背景

社会文化背景对个人的自主学习同样有深远的影响。家庭环境、教育制度和社会文化价值观等因素共同塑造了学生的学习态度和行为。例如，在重视教育和鼓励独立思考的家庭中长大的学生可能更倾向于自主学习。社会文化中对自主性和创造性的鼓励或者对传统学习方式的偏好也会影响学生对学习方式的选择。教育制度是否为学生提供了个性化学习路径和自我探索的机会，也在很大程度上影响了学生的自主学习能力的培养。不同文化背景下学生对学习和教育的看法差异，将直接影响学生对自主学习的态度和实践。

3.社交互动与支持

社交互动与支持对于自主学习的学生来说至关重要。同伴、家庭成员和教育者的支持不仅提供了情感上的鼓励，也提供了学习上的帮助。同伴间的讨论和合作可以帮助学生获得新的观点和思考方式，同时提供交流和验证自己学习成果的机会。家庭成员在提供学习资源和激发学习动力方面起着关键作用。教育者的指导和反馈不仅能帮助学生解决学习中的难题，也能指导他们更高效地进行学习规划。这些社交互动与支持建立了一个正向的学习氛围，有助于学生保持学习热情和动力，也为学生提供了必要的指导和反馈，帮助他们在学习过程中取得持续进步。

第二节 项目式学习教育理念

一、项目式学习发展历程

（一）起源与早期发展

项目式学习的概念最初源于管理学领域，旨在高效组织和利用资源，解决实际问题。它的核心在于将目标分解为一系列相互联系的任务，以促进群体间的合作。1918年9月，《项目（设计）教学法：在教育过程中有目的的活动的应用》一文发表，教育学家克伯屈（William Heard Kilpatrick）首次提出了项目教学的概念。他提出的项目教学理念强调学生在真实情境中通过自己的操作解决实际问题，这一理念影响了当时的教育界，并在中国得到了广泛传播和应用。

（二）中期发展与实践应用

1958年，美国医学院推出了项目式实践方式，即将多学科协作解决复杂医疗问题视为一个项目。这种做法强调解决现实世界中的复杂问题，并注重最终解决方案或作品的形成。随后，项目式学习的发展经历了阶段性的衰落。随着建构主义和学习科学的兴起，项目式学习得到了新的理论支持，才开始在不同领域，如医学、教育、经济等得到广泛应用。

（三）现代发展与素养教育的融合

20世纪80年代，项目式学习在高等教育和职业教育中再次受到关注，并开始应用于实际教学中。随着素养教育的兴起，项目式学习再度成为教育研究和实践的热点。这一教学方法不仅被认为是有效的知识传授手段，还被视为培养学生21世纪核心素养的重要方法。在中国，项目式学习已经成为基础教育领域研究和实践的热点，得到了广泛的认可和推广。

二、项目式学习定义

对于项目式学习的定义，国内外的学者从不同角度进行了阐述。

美国巴克教育研究所的学者将其定义为一种教学方法，并指出项目式学习是指让学生通过探究复杂、真实问题的过程，通过精心设计项目作品、规划和实施项目任务，掌握所需知识和技能的一整套系统的教学方法。[1]这一定义指出项目式学习不是孤立的活动，而是涵盖了从项目设计到实施，再到评估的一整套系统的教学方法，有助于学生在不同阶段发展多样化的技能。同时，它突出了理论与实践的结合，鼓励学生在掌握所需知识的同时，发展实际应用技能。定义中对精心设计项目作品的强调，凸显了项目式学习的实际成果和创造性，体现了其在培养学生综合能力方面的重要性。

中国学者对项目式学习有不同的看法，刘景福等认为项目式学习是以学科的概念和原理为中心，以制作作品并将作品推销给客户为目的，在现实世界中借助多种资源开展探究活动并在一定时间内解决一系列相互关联的问题的一种新型探究性学习模式。[2]刘景福等对项目式学习的定义提供了一种将理论与实践相结合的独特视角。他们将项目式学习定位为一种以学科的核心概念和关键原理为中心的新型探究性学习模式，这种定义不仅强调知识的理论学习，也注重实际应用和问题解决能力的培养。

北京师范大学郭华教授认为，在动态的实践层面，项目式学习既

---

[1] 巴克教育研究所. 项目学习教师指南：21世纪的中学教学法[M]. 任伟，译. 北京：教育科学出版社，2008：4.

[2] 刘景福，钟志贤. 基于项目的学习（PBL）模式研究[J]. 外国教育研究，2002，29（11）：18-22.

是课程形态又是教学形态（教学策略），两者合而为一。[①] 在此基础上，郭华这样定义项目式学习：项目式学习是在系统学习学科知识的基础上，学生综合运用多学科学习成就进行自主学习的一种综合性、活动性的教育实践形态。这种教育实践形态与系统的学科教学相互映照、相互支撑、相辅相成。该定义既突出了项目式学习是学校教育不可或缺的组成部分，又凸显了项目式学习基于学科又超越学科，有助于学生理解不同学科的独特价值及学科间的相互联系，具有帮助学生关注当下社会生活、融入现实生活不可替代的价值。

基于以上分析，笔者认为项目式学习是一种以学生为中心的教学方法，它通过现实世界的项目任务促进学生的深入学习。这种方法强调通过处理复杂、真实的问题来探索和构建知识，并在解决问题或完成任务的过程中发展关键技能。在项目式学习中，学生参与设计和实施面向现实世界问题的项目。这些项目通常跨越多个学科领域，要求学生运用不同的知识和技能。例如，一个关于环境保护的项目可能需要学生综合运用科学、数学、社会学以及艺术等方面的知识。学生不仅需要研究问题，还需要规划项目实施步骤，制作作品或提出实际可行的方案。项目式学习过程中的学生不是被动地接收知识，而是积极地参与问题的探究。学生需要自主地收集和分析信息，制订学习计划，并对自己的学习进行监控和评估。这种学习方式不仅提高了学生的自我管理能力，还有助于培养学生的批判性思维和解决问题的能力。项目式学习还特别强调小组合作和交流。在小组合作过程中，学生需要与他人共享信息，协调意见，一起制定解决方案。这种协作过程不仅促进了学生之间的沟通和团队合作能力，还帮助他们学会尊重和理解不同的观点。

[①] 郭华. 项目学习的教育学意义 [J]. 教育科学研究，2018（1）：25-31.

三、项目式学习的特征

项目式学习具有以下几个特征。

(一) 将学生置于中心位置

项目式学习的核心特征之一是将学生置于学习过程的中心位置。在这种教学模式下，学生不再是被动的知识接收者，而是积极参与学习活动的主体。学生参与项目的各个阶段，从选择和定义项目主题，到规划实施步骤，再到项目的执行和成果的展示，在这个过程中，教师的角色转变为指导者和协助者，他们提供必要的支持和资源，帮助学生探索和解决问题。这种以学生为中心的学习模式强调学生的主动性和自主性，鼓励他们进行自我发现和自我表达，从而提高他们的学习参与度和学习动机。

(二) 将课程标准当作核心内容

项目式学习虽然强调学生的主动性，但其学习目标和评价标准都紧密围绕着课程标准。教师在设计项目时，需要确保项目的内容和目标与课程标准一致，确保学生在完成项目的同时，能够掌握相关的知识和技能。这意味着项目选题、目标设置和评价标准都应与课程标准相匹配。这种以课程标准为核心的特征确保了项目式学习不仅能激发学生的兴趣，也能达成教学的核心目的——知识的传授和能力的提高。

(三) 围绕一个主题展开

项目式学习通常围绕一个具体的主题展开。这个主题通常来源于现实生活、教材内容或学生自身的学习经验。选择的主题对学生应有足够的吸引力，同时具备实际操作性和挑战性。项目主题的选择应当基于课程标准，旨在通过具体的项目活动帮助学生深化对某一领域或概念的理解。教师在确定项目主题时，需要考虑学生的认知水平和兴趣，确保项目对学生既有挑战性，又能激发他们的参与兴趣。

(四)设置核心问题

项目式学习的一个关键特征是设置一个或一系列引导性的核心问题。这些问题通常是开放式的、难以简单回答的,旨在激发学生的好奇心和探究欲。这些核心问题与项目主题密切相关。为了探索和研究这些问题,学生需要深入思考,进行系统性的调查和实践操作。核心问题的设置不仅可以引导学生深入项目主题,还有助于他们在整个项目过程中专注于学习焦点和保持动力,确保学习过程与项目目标的一致性。

(五)最终有项目成果

项目式学习的一个重要特征是都有一个最终产出——项目成果。项目成果是学生在整个项目过程中努力的可见成果,它能够体现项目式学习的目标和学习成效。成果的形式多样化,如研究报告、多媒体展示、研究论文,或者实际的组织活动和表演。项目成果不仅可以展示学生所学的知识和技能,也可以展示他们的创新能力和思维方式。通过创建具有实际意义的项目成果,学生能够将理论知识与实际应用相结合,从而更深入地理解和掌握所学内容。

第三节 体验式学习教育理念

一、体验式学习内涵

(一)体验的概念

在《牛津字典》中,"体验"被定义为"有意识地成为一种状态或情境的主体,有意识地受到一个事件的影响,被主观看待的一种状态或情境,个人受到影响的事件。从真实观察或个人经历中获得的知识"。"体验"在《牛津字典》中的定义揭示了它作为主观感受和认知过程的复杂性,强调了个体成为状态或情境的主体,并有意识地受到事件影响的重要性。这种体验不仅仅是被动接受外部刺激，更是一种积极参与并深刻理解和内化外部世界变化的过程。体验涉及个体如何感知、解释和反思事件，同时影响个体的认知、情感和行为。此外，体验还包括从实际观察和个人经历中获取知识的能力，这不仅提升了学习的实用性和相关性，也促进了个体对复杂情境的深层次理解和适应。

（二）体验与学习的关系

体验与学习之间联系紧密。这种联系不仅体现在它们相互作用和互相促进的过程中，而且体现在它们共同构成了一个有效学习的整体框架。体验作为一种主动探索和感受的过程，为学习提供了实际的、具体的背景，使学习活动更加生动和有意义。通过体验，学生不仅能更好地理解和吸收知识，还能将所学知识应用于实际情境中，从而促进深度学习和发展批判性思维。

体验与学习的关系在成人教育中尤为明显。成人学习者通常拥有丰富的生活和工作经验，这些经验可以作为学习的出发点和资源。体验式学习方法能够有效地挖掘这些经验，将学习与成人学习者的现实生活紧密联系起来。通过体验式学习方法，成人学习者能够更好地理解抽象概念和理论，并用这些知识解决实际问题。这种学习方法不仅有助于增强成人学习者的学习动机和提高学习参与度，还能促进成人学习者的个人发展和社会适应能力。

（三）体验式学习定义

体验式学习是一种强调学生中心性和实践与反思相结合的学习方法。它特别重视为学生创造真实或模拟的情境和活动，以帮助他们通过亲身参与社会活动来获取个人经验。在这个过程中，学生不仅获得了体验和感悟，而且能进行有效的交流和分享。关键的一环是反思，学生通过反思将自己的体验和感悟转化为理论知识，进而加深了理解和认识。这些理论知识或成果被应用于实际情境中，实现了从实践到理论再到实践的循环过程，这不仅增强了学习的有效性，也提升了学生的综合能力。

二、体验式学习特征

（一）开放性学习平台

体验式学习突破了传统教室的限制，将现实世界作为一个广阔的学习平台。这种教学模式鼓励学生走出课堂，将学习活动延伸到社会环境中，比如，专业实习、社区服务或者企业合作项目等。在这种开放的环境下，学生能够更直观地理解理论知识与实际应用之间的联系，这有助于他们提高社会实践能力和解决实际问题的能力。

（二）个性化学习过程

体验式学习侧重于以项目或主题为核心的个性化学习。在这一过程中，每个学生可以根据自己的兴趣、经验和能力选择不同的项目或主题进行深入研究。这种个性化的学习方式有利于激发学生的学习兴趣和主动性，鼓励他们自主探索和创新，更好地将所学知识应用于解决实际问题。

（三）综合性评估方法

与传统以结果为导向的评价方式不同，体验式学习更加注重对学习过程的评价。这种评价方式不仅考虑学生的知识掌握程度，还考核他们在实际操作中的参与程度、创新能力和领导力等方面。综合性评估方法有助于全面了解学生的学习成果，促进学生批判性思维、系统性思维和创新性思维的发展。通过这种学习方式，学生能够在复杂的社会环境中快速适应和成长。

三、体验式学习理论

体验式学习理论主要包括美国教育学家杜威（John Dewey）的实用主义教育理论、美国社会心理学家大卫·库伯（David Kolb）的体验式学习圈、瑞士儿童心理学家皮亚杰（Jean Piaget）的认知发展理论和美国教育心理学家布鲁纳（Jerome Seymour Bruner）的认知结构学习理论。

(一)实用主义教育理论

杜威对传统以课堂、教科书和教师为中心的教育模式提出了批评，并在实用主义哲学的基础上提出了自己的实用主义教育理论。这种理论倡导的是一种更为动态、参与式的学习方式，强调学习应当紧密联系实际生活，学生应在实际操作中学习，而不仅仅被动地接收教师讲授的书本知识。杜威在《民主主义与教育》一书中阐述了其"三中心论"教育思想体系。

1. 以经验为中心

以经验为中心理念强调知识的来源不仅限于书本或传统教学，还包括个人的经验。在这种教育模式下，生活本身就是教育的一部分，学生通过参与、体验和实践活动，获得知识和技能。这种方法让学习更加生动，有助于学生将理论知识与实际生活紧密结合，从而更好地理解和运用所学知识。

2. 以学生为中心

以学生为中心原则主张教育应从学生的兴趣和需求出发，而不是仅仅按照传统教育体系的要求。在这种教育模式下，学生的个性、兴趣和发展需求被放在首位，教育活动围绕学生的实际需求展开，鼓励学生积极参与学习过程，从而更好地促进学生的全面发展。

3. 以活动为中心

以活动为中心的观点反对单纯的书本学习和被动接收知识的方式，强调学生应通过实践活动主动学习。这种"做中学"的方式使学生通过实际参与解决问题的过程，掌握知识和技能。教育者在这个过程中设置复杂的、真实的情境，引导学生提出假设、进行推断、试验和验证，从而帮助学生发展批判性思维、解决问题的能力和实际应用知识的技能。

(二)体验式学习圈

体验式学习圈是一个循环的学习过程，它结合了实际体验和理论学习，旨在通过实践活动提高学生的认知和技能。大卫·库伯曾在他的著作《体验学习：让体验成为学习和发展的源泉》中把体验式学习阐释为一个体验循环的过程：具体体验—反思观察—抽象概念—主动验证。学生自动地完成反馈与调整，经历一个学习过程，在体验中认知。

这个过程从具体体验开始，学生沉浸在新的或熟悉的情境中，直接参与其中，从而获得第一手的体验和感受。这一阶段的核心在于让学生完全投入实践中，从而获得丰富的感性知识。接下来是反思观察阶段，学生在这一阶段停下来，回顾并反思他们经历的体验。这一过程是学生对体验进行深入思考、分析和解读的关键时刻。通过反思观察，学生可以理解体验的意义，识别模式和规律，并将感性认识转化为理性认识。然后是抽象概念阶段，此时学生需要将观察到的内容提炼为理论和概念。这一阶段要求学生将体验中的具体情境抽象化，整合成更广泛、更系统的理论知识。这种从具体到抽象的过程有助于学生构建知识框架，提升他们的理论理解能力和认知能力。最后是主动验证阶段，学生在这个阶段需要将新形成的理论和概念应用于实践中，以解决问题和制定策略。通过实际应用，学生不仅能验证新知识的有效性，还能进一步深化对知识的理解，从而完成学习循环。

体验式学习圈不仅注重实践和理论相结合的学习过程，还强调每个学生独特的学习风格。根据不同个体的倾向和特点，学生在这四个阶段中的侧重点可能不同，有的可能更倾向于经验型学习，而有的则可能更倾向于理论型或应用型学习。这种个性化的学习方法有助于提升学生的参与度和学习效果，也有助于促进学生的个人发展和能力提升。

（三）认知发展理论

认知发展理论是一种广泛用于理解人类学习和智力发展的心理学理论。这一理论主要由瑞士儿童心理学家皮亚杰提出，他通过观察和研究儿童的认知过程，提出了认知发展分为几个阶段的观点。皮亚杰的理论基于两个核心概念：结构和功能。结构是指心智的组织方式，功能则是指心智如何适应和处理外部环境。他认为，认知发展是一个逐渐从具体到抽象的过程，涉及四个主要阶段，每个阶段都具有自己的特点。

1.主要阶段

第一阶段是感觉运动阶段（出生至2岁）。在这个阶段，婴儿通过感觉和运动探索世界，学习物体恒常性（物体即使不被看到也依然存在）和智慧动作。在这个阶段，婴儿主要通过直接的感官体验和物理交互来了解周围的环境。

第二阶段是前运算阶段（2岁至7岁）。在这个阶段，儿童开始使用符号（如言语和想象）来代表现实世界，但他们的思维还是非常直观的。在这个阶段，儿童能够进行符号性游戏，如假装游戏，但他们往往还不能进行逻辑思维或理解他人的观点。

第三阶段是具体运算阶段（7岁至11岁）。在这个阶段，儿童开始进行逻辑思考，但仅限于具体的事物。他们学会了物质守恒的概念（即使外观改变，物质的量仍然不变）和数学操作。在这个阶段，儿童能够理解他人观点，并开始应用逻辑规则来解决问题。

第四个阶段是形式运算阶段（11岁至成年）。在这个阶段，青少年开始能够进行抽象思考和假设推理。他们能够使用抽象概念来思考未来可能性，进行系统的规划和科学推理。在这个阶段，他们的思维更加成熟，能够处理复杂的逻辑和抽象概念。

2.影响因素

认知发展是一个复杂的过程，受到生物学因素、个人经验、社会环境以及自我调节等因素的影响。这些因素相互作用，共同推动个体的认知能力和智力发展。

（1）生物学因素在认知发展中扮演着基础角色。其中，神经系统和内分泌系统的成熟对认知能力的发展至关重要。随着儿童大脑和神经系统的发育，他们的感知、记忆、思维和问题解决等能力逐渐增强。例如，大脑的前额叶皮质发育与决策制定和复杂思维能力的提高有密切关系。

（2）个体的实践经验对认知发展也起着关键作用。其中，包括通过对物体的操作和与环境的互动获得的物理经验，以及通过逻辑思维和数学推理获得的逻辑数理经验。这些经验不仅增强了儿童对世界的理解，而且促进了他们思维能力的发展。

（3）社会环境是一个重要影响因素。社会化过程中的人际互动和文化传递对个体的认知发展有着重大影响。儿童通过观察、模仿和与他人的交流，学习社会规范、语言和其他文化知识。然而，这种社会化的影响需要个体主动同化和适应，如果缺乏这种主动性，社会化的作用将大打折扣。

（4）认知发展是一个自我调节和平衡的过程。这一过程涉及同化（将新信息融入现有的认知结构）和顺应（调整认知结构以适应新信息）的动态互动。自我调节是认知活动的一般机制，使认知结构从较低水平向更高水平演化，从而实现认知能力的提高。

（四）认知结构学习理论

认知结构学习理论是由布鲁纳等提出的一种重要的教育心理学理论。该理论的核心观点是强调学生在学习过程中构建和重组知识结构的重要性。以下是该理论的主要内容。

1.认知表征

认知表征是人类通过知觉将外在事物、事件转换成内在的心理事件的过程。布鲁纳认为，认知生长（或者说智慧生长）的过程就是形成认知表征系统的过程。认知表征系统的发展经历了三个阶段。

（1）动作性表征阶段：这个阶段主要出现在儿童3岁以前。在这个阶段，儿童主要通过动作探索和理解他们的世界。他们的认知表征依赖于对物体的直接操作，如通过触摸、抓握或移动物体来了解它们的特性。在这个过程中，儿童不仅学习了关于物体的基本信息，如形状和大小，还学会了物体的功能和使用方式。动作性表征是儿童对外部世界最初的、最直接的认识方式。

（2）映像性表征阶段：这个阶段通常出现在儿童3岁至7岁之间。

在这一阶段，儿童开始发展出能够在心中形成事物图像的能力。他们能够回忆起过去的事件，并能利用想象力预见未来可能发生的事情。这种映像性表征使儿童能够脱离对实物的直接接触和操作，进行一些基本的心理操作，如对事物的分类、排序和简单推理。此阶段的儿童在进行思维活动时，往往需要依赖具体的、直观的图像，这有助于他们理解和处理更复杂的信息。

（3）符号性表征阶段：这个阶段开始于儿童的学前后期，一般在7岁左右。在这一阶段，儿童发展出使用符号来表示和思考事物的能力，其中最重要的符号是语言。符号性表征使儿童能够以抽象的方式思考，他们可以使用语言和其他符号系统（如数学符号）表示、推理和解释事物。这种表征方式不再局限于具体的事物或直观的图像，而是涉及更抽象和间接的思考。儿童在这一阶段能够进行更复杂的思维活动，如逻辑推理、问题解决。

2.认知结构

认知结构是心理学中一个重要的概念，它描述了人们大脑如何组织和处理信息。认知结构研究的主要内容如下。

（1）作为编码系统的认知结构：认知结构相关观点强调人们在学习和处理信息时，是通过建立一系列的类别和编码系统来完成的。学生通过对同类事物的归纳和分类，对信息进行编码和存储，从而构建起内在的认知结构。这种结构帮助人们理解和解释周围的世界。例如，在学习语言时，学生会将单词、短语和句型分类，构建起语言的编码系统。在实际应用中，这些类别和编码系统帮助学生快速识别和处理信息，提高学习效率和记忆能力。

（2）学科结构的掌握：认知结构的另一个重要方面是理解学科的基本结构。这涉及识别和理解学科内部的基本概念、原理及其相互之间的联系。理解学科的基本结构对于深入学习该学科非常重要。它不仅使学生更容易理解和记忆学科知识，而且有助于他们将所学知识应用于新的情境中。例如，理解数学的基本概念和原理，如加减乘除、方程式等，学生便可在解决实际问题时灵活运用这些知识。此外，对学科基本原理的理解还能激发学生的学习兴趣，促进他们智力的发展。

3.发现学习

发现学习是一种以学生为中心的学习方法，它鼓励学生通过自主探究与实践来获取知识和技能。这种学习方式的核心在于促进学生的主动参与和深入思考，使学习过程成为一种自我发现和自我成长的过程。

（1）发现学习强调学习过程的重要性，而不仅仅关注学习的最终结果。这意味着学生在探索过程中对事物的洞察和理解同样重要，甚至比最终答案更加重要。在这个过程中，学生通过实际操作、实验和解决问题，逐渐构建和巩固知识。这种方式不仅有助于提高学生的分析能力和批判性思维能力，还能增强他们解决实际问题的能力。

（2）发现学习强调直觉思维的运用。直觉思维是指在没有明确指导或完整信息的情况下，依赖内在感觉和直觉来解决问题的能力。在发现学习中，学生被鼓励依赖他们的直觉产生新的想法和解决方案。这种思维方式有助于学生在面对复杂和模糊的情境时，能够灵活适应并创造性地思考。

（3）发现学习强调内部动机的重要性。这种学习方式鼓励学生从学习活动本身寻找乐趣和满足感，而不是依赖外部的奖励或惩罚。通过这种学习方式，学生能够培养对学习的真正兴趣和热情，这有助于他们长期保持学习动力，并在学习过程中取得更好的成果。

（4）发现学习强调信息的组织和提取能力，而不仅仅是信息的存储。在这个过程中，学生需要学会如何有效地组织、分析和应用所获得的信息。这不仅提高了他们的信息处理能力，也促进了他们对知识的深入理解和长期记忆。

第五章 互联网环境下的高校英语教育模式

第一节 慕课教学模式

一、慕课教学模式的定义

过去几年中,大规模开放在线课程——慕课,展现了网络教育的巨大潜力。政府、企业以及教育机构的积极参与,尤其推动了慕课的发展,他们不仅认可这种新型教学模式,还提供了资源。这种全方位的参与为慕课的发展和普及提供了坚实的基础。同时,慕课在高等教育、职业教育和基础教育等领域的广泛应用,显示了其在教育改革中的多元化作用。此外,慕课的兴起不仅仅是一种教学模式的变更,还引发了对现有教育体系的深入思考和讨论。通过提供丰富多样的课程和灵活的学习方式,慕课挑战了传统的教育理念,促使教育工作者、政策制定者和学生共同探索更加有效和包容的教育方法。

慕课,作为一种创新的在线教学形式,其核心在于将传统的教学内容数字化,并通过互联网平台实现教与学的交互。这种教学模式与传统的课堂教学形成对比,因为它完全基于互联网环境,依赖数字资源进行线上教学。学生在完成网络课程学习后,通常会通过在线测试来验证学习成果,进而获得相应的证书或认证。

从形式上来看,慕课包含几个关键要素。首先,慕课包括完整的教学视频，这些视频一般设置在 6 分钟到 10 分钟之间，以适应学生的注意力和时间安排；其次，慕课包括完善的在线考试体系，这种考核方式不仅关注学习过程，还强调个性化评估；再次，慕课涵盖了一定量的开放性话题，旨在提高学生的学习兴趣和积极性；最后，慕课包括许多辅助资源如参考材料、模拟试题及其解析。

在这些要素的支持下，慕课教学强调教师与学生之间的互动，包括教师发布信息、回答学生问题等。这种互动不仅增强了学习体验，还提高了教学效果。慕课平台提供的学习数据对于教学和学习都至关重要，教师和学生可以根据这些数据分析学习状态，以优化教学策略和提高学习效率。

二、慕课教学模式的特点

慕课作为一种创新的在线教学模式，其特点可以从多个维度分析。

（一）互动性与新颖性

慕课的核心特点是其具有高度的互动性和新颖的教学形式。这种教学模式通常通过上传短视频进行教学，这些视频不仅包含教学内容，还包括在线测验、互动讨论等元素。这种模式不仅使教学过程更加生动有趣，而且极大地增强了师生间的互动，使学习变得更加灵活和个性化。学生可以根据自己的学习节奏和兴趣选择相应的课程内容，同时在学习过程中与教师和其他学生进行交流与讨论，从而更好地理解和吸收知识。

（二）名师授课，资源免费

慕课的另一个重要特点是它提供了名师教育和免费教学资源。互联网的普及使世界各地的顶级教师能够通过上传自己的教学视频，为学生提供高质量的教育资源。这一点对于缓解教育资源分配不均的问题尤为重要。通过慕课，不同地区、不同背景的学生都能接触到世界级的教育资源，这不仅降低了教育的地域和经济门槛，还提高了教育的平等性和普及性。此外，慕课的免费特性极大地提高了学生的参与度和积极性，使更多的人能够无障碍地享受到优质的教育资源。

（三）网络平台，资源丰富

慕课作为一种网络平台，提供了丰富多样的教育资源。慕课以网络平台的形式，有效地打破了地域限制，不论是发达地区还是落后地区的学生都能享受到同等质量的教育资源。这种模式不仅为解决教育资源分配不平衡问题提供了有效途径，而且在提高整体教育水平方面发挥了重要作用。慕课为学生提供了一个更为广阔和平等的学习平台，促进了教育公平和资源共享。

三、慕课教学模式的分类

慕课作为一种创新的在线教育形式，已经发展出多种教学模式，以适应不同的教育需求和学习风格。以下是对三种主要慕课教学模式的论述。

（一）以内容为中心的慕课教学模式

以内容为中心的慕课教学模式注重学生对学习内容的深入掌握。课程通常以高质量的教学视频和文本内容为基础，结合形成性评价（如定期测验）和总结性评价（如期末考试），以全面评估学生的学习效果。以内容为中心的慕课教学模式不仅重视知识的传授，还强调学习社区的构建和学生的参与，类似于传统课堂的网络化版本。学生可以免费注册和学习，但在获得证书后可能需要支付一定费用。这种模式由于其结构化的课程设计和明确的评价标准，受到了广泛的关注和投资。

（二）注重社交互动的慕课教学模式

注重社交互动的慕课教学模式强调学生的学习自主性和社会交互性。在这种教学模式下，学生拥有高度的自由，可以自主选择学习内容、时间和技术工具。这种模式鼓励学生利用各种在线工具和软件建立个人学习空间，与全球的学生建立联系，共享和探索学习内容。课程通常以周为单位，学生通过大量的互动和参与来掌握知识，所有的学习过程都具有开放性和探索性。由于缺乏正式的评价标准，这种模式更加注重学习过程和社区互动，而不是注重传统意义上的成绩或证书。

（三）任务驱动的慕课教学模式

任务驱动的慕课教学模式主要通过完成具体任务来促进学习。学生通过分步骤的任务，例如，阅读材料、观看视频、参与讨论、完成项目等，逐步掌握知识和技能。这种模式特别强调学习社区的作用，因为社区成为分享学习成果、展示技能和交流想法的主要平台。在任务驱动的慕课教学模式中，学生的学习成果可以通过多种形式展现，如视频、音频等，而对学习结果的评价不是主要关注点。这种模式特别适合那些注重实践和应用以及希望在社区中共享与交流学习经验的学生。

四、慕课教学模式的应用

在高校英语教育中应用慕课教学模式是英语教学发展的需求，因为慕课教学是网络教学，在一定程度上能吸引学生的学习注意力，调动学生的学习积极性，最终达到提高学生学习效率的目的。高校英语教育工作者在应用慕课教学模式过程中，需要注意以下几个方面的内容。

（一）课程设置及辅导问题

在高校英语教育中应用慕课教学模式时，教育工作者面临的一个重要问题是如何确保课程设置的多样化。慕课平台通过涵盖广泛主题和技能的课程来丰富学生的学习体验，包括商务英语、科技英语、文化交流等课程。为了使这种模式的效果最大化，教育工作者需要精心策划和设计课程内容，确保它们不仅能覆盖学生的实际需求，而且能激发学生的学习兴趣。为此，教育工作者要对学生的需求和兴趣有深入的了解。这意味着他们需要进行定期的需求分析，识别学生在英语学习方面的实际需求，同时关注学生兴趣的变化趋势，以便课程能够更好地满足学生的个性化学习需求。

教育工作者在实施慕课教学模式时，还需要关注课程的质量问题。

慕课课程来自世界各地不同的教育机构，因而课程的质量和难度水平可能存在差异。因此，选择适合学生水平和学习目标的高质量课程成为教育工作者的重要任务。这需要教育工作者预先审核课程内容，甚至与慕课平台合作，开发或调整课程内容，以确保它们符合学校的教学标准和学生的学习需求。鉴于慕课模式支持个性化和自主学习，教育工作者还需要为学生提供适当的指导和支持，帮助他们在众多课程中做出合适的选择，制订有效的学习计划，并克服在线学习过程中可能遇到的困难。这要求教育工作者不仅要具备相应的专业知识，还要掌握一定的指导和辅导技能。

（二）融合传统与创新

在探索慕课教学模式在高校英语教学中的应用时，高校英语教育工作者需要认识到其潜在的优势和面临的挑战。慕课作为一种创新的教学手段，提供了灵活多样的学习资源和自主学习的环境，但也暴露出一些不足之处。

学生的自学能力是慕课教学模式实施中的一个重要考量因素。由于传统教育模式中教师的主导作用和学生较低的自主学习经验，慕课要求的高度自律和自学能力可能成为学生接受这种新型教学模式的障碍。在慕课环境中，学生需要具备较强的自我管理能力和学习动力。因此，高校在推广慕课时需要考虑如何帮助学生提高自主学习能力，例如，通过辅导课程、学习小组和时间管理工具等方式来帮助学生。

慕课对技术和设备的要求也是高校需要考虑的一个方面。尽管慕课提供了丰富的在线资源和灵活的学习平台，但实施这种教学模式需要相应的技术支持和设备。许多高校可能面临资金和资源的限制，无法提供足够的技术设备和网络支持，这成为慕课普及和有效实施的障碍。因此，高校需要寻找合理的解决方案，例如，通过合作伙伴关系、政府资助或技术共享等方式克服这些困难。

基于以上分析，为了有效地将慕课融入高校英语教学，高校英语教育工作者可以考虑将传统课堂教学模式与慕课结合。这种融合传统与创新的教学模式可以充分利用慕课的优势，同时弥补学生自主学习能力的不足。高校英语教师在使用这一教学模式时需要在教学中扮演不同的角色，以提高学生在慕课模式下的学习效率。具体可以从以下四个方面着手。

（1）加强对学生的全面了解，特别了解其自主学习能力。由于学生的自主学习能力参差不齐，教师需要通过监督、鼓励等手段来提高学生的自学能力。例如，既可以通过设置明确的学习目标和阶段性的检查点促进学生的自主学习，也可以通过课堂讨论、小组作业等互动形式激励学生。

（2）针对学生过去主要在传统课堂中学习的背景，教师需要引导学生适应基于互联网的慕课学习方式。这可能涉及如何高效利用网络资源、如何在网络环境中保持学习专注力等技能的培养。教师可以通过分享有效的在线学习策略、提供技术支持和指导，帮助学生更好地适应网络学习环境。

（3）考虑到学生的英语基础存在较大差异，慕课教学内容的设计应当顾及大多数学生的英语水平。教师可以对慕课内容进行分层，提供不同难度级别的学习材料，以适应不同学生的学习需求。同时，教师可以提供个性化的学习路径和补充材料，一方面可以帮助基础较弱的学生提高学习效率，另一方面不会让基础较好的学生感到学习过程缺乏挑战。

（4）为了吸引学生的注意力并提高学习效率，教师应制作精美且内容丰富的慕课教学课件。这些课件应包含吸引人的视觉元素、互动环节和丰富的示例，以提高学生的兴趣和参与度。同时，教师应该考虑如何有效地将这些课件和传统课堂教学相结合，例如，在课堂上对慕课内容进行深入解析，或者安排基于课件内容的实践活动。

第二节 微课教学模式

一、微课教学模式的定义

对于"微课"教学模式的概念，目前还未统一，不同的学者观点不同，下面介绍一些有代表性的观点。最早提出"微课"这一概念的学者是胡铁生，他借鉴慕课的定义，认为微课是微课程的简称，即以微型视频作为载体，根据某一学科的重难点教学知识点与教学环节所设计的情境化且支持多种学习方式的网络课程。[1]之后，胡铁生又对这一观点进行了改进，认为微课是根据新课程标准及课堂教学的实际情况，以教学视频为载体，记录教师在课堂中针对某一知识点或教学环节而展开的精彩教学活动所需的教学资源的有机结合体。[2]

郑小军、张霞则认为，微课不等同于课堂上的实录，而是从某个重难点出发创作的视频，即微课聚焦了重难点问题，并且将那些有干扰的信息排除掉。[3]

上述学者给出的定义是非常具有针对性的，并且在一定程度上将微课的特征反映出来。笔者认为，微课是指在内容和时间上都较为简短精练的教学单元。它不同于传统的课程教学，微课注重特定主题或知识点的集中讲解和学习。它不仅适应了现代学生的学习习惯，还为传统教学提供了有力的支持和拓展。随着技术的不断进步和教育理念的创新，微

---

[1] 胡铁生.微课：区域教育信息资源发展的新趋势[J].电化教育研究，2011（10）：61-65.

[2] 胡铁生，黄明燕，李民.我国微课发展的三个阶段及其启示[J].远程教育杂志，2013（4）：36-42.

[3] 郑小军，张霞.微课的六点质疑及回应[J].现代远程教育研究，2014（2）：48-53.

课教学模式将在未来教育中发挥更加重要的作用。

二、微课教学模式的分类

课堂教学受到教师、学生、教材、媒体等多种因素的影响而呈现出复杂性、不确定性和艺术性等特点，课堂类型因此也呈现出多样性和差异性。由于分类的维度和依据各异，课堂类型的名称也存在差异。微课同样具有多元性和复杂性，不同的教师会根据自己的理解和经验对微课的类型进行不同的划分和解读。

尽管不同教师的教学经验不同，但课堂教学的主要环节相对固定。为了帮助教师在研究和实践过程中更加有效地设计和制作微课，笔者认为可以根据教学环节对微课进行分类。这种基于教学环节的分类方法有助于明确微课的结构和目标，使教师能够更清晰地理解和掌握微课的特点与制作流程，可以更加系统和专业地进行微课的设计与实施，从而提高教学的效果和效率。

（一）课前复习类

课前复习类微课主要用于帮助学生复习之前的学习内容，为新课程的学习打下坚实的基础。通过简明扼要的复习材料，学生可以迅速回顾和巩固已学知识，从而更好地为接下来的学习做好准备。课前复习类微课的设计应注重对关键知识点的提炼和概括，使学生能够在短时间内有效回顾关键内容。

（二）新课导入类

新课导入类微课的目的是为新的教学单元或课程内容构建一个引导性的学习背景。新课导入类微课通过引人入胜的方式介绍新知识，激发学生的学习兴趣和好奇心。新课导入类微课可以采用各种吸引学生注意力的元素，如有趣的事实、引人深思的问题或相关的故事，以此增强学生对即将学习内容的期待和参与度。

（三）知识理解类

知识理解类微课着重帮助学生理解和掌握新的知识点。它们通常包含详细的概念解释、知识点阐述和例证，以确保学生能够深入理解课程内容。知识理解类微课应当采用清晰的讲解和有效的示例帮助学生消化和吸收新信息。

（四）练习巩固类

练习巩固类微课的目的在于通过练习和应用来巩固与加深学生对知识的理解。通过提供各种练习和测试，学生可以在实践中掌握知识点。练习巩固类微课应设计多样的练习形式，如案例分析、问题解决或互动活动，以检验和巩固学生的学习成果。

（五）小结拓展类

小结拓展类微课旨在总结已学内容，并对知识进行进一步的拓展和深化。小结拓展类微课不仅回顾和强调关键点，还引导学生探索相关的高级知识或衍生知识。小结拓展类微课应包含对主要学习内容的回顾，以及对学习内容的深入分析和拓展，激发学生进一步的思考和探索的兴趣。

三、微课教学模式的优势

微课教学模式作为一种现代教学方法，具有多个优势，能够有效地满足当代教育的需求。

（一）主题明确与内容具体

微课的设计通常围绕一个明确的主题进行，内容具体而专注，通常来源于教学实践，如特定的教学策略、学习策略或教学反思。这种针对性强的内容设置使微课能够直接聚焦于教学的关键点，避免了传统教学中可能出现的信息过载问题。通过集中讨论和解决实际问题，微课能够更加有效地促进学生对学习内容的理解和掌握。

（二）教学内容精简且符合需求

微课在教学内容上的精简与聚焦，使其非常符合教师对于教学材料的实际需求。与传统教学内容相比，微课更加突出和强调特定的教学点，这不仅节省了教师的准备时间，也使学生将注意力集中在核心内容上。这种精简的教学内容设计有助于提高教学的效率和质量。

（三）教学时间短且针对性强

微课通常以短视频形式呈现，时长一般在3～8分钟，最长不超过10分钟。这种短时长的设计使微课成为一种高效的教学工具，尤其在解决教学中的难点和重点时。短时长有助于学生保持注意力集中，同时便于在有限的时间内完成密集的学习。

（四）资源容量小，便于交流互动

微课通常占用的存储空间较小，这使其在网络环境下更加易于传播和分享。视频采用流媒体格式，可在线播放，降低了资源获取的门槛，使教师与学生之间的互动和交流更加流畅。在英语教学等领域，微课可以有效地支持教师和学生之间的即时反馈与讨论。

（五）成果易于转化和传播

微课的教学成果由于其主题的明确性和内容的具体性，非常适合转化和传播。短小精悍的教学内容不仅便于学生理解和吸收，也使微课的成果容易通过多种渠道进行传播，如社交媒体。这种多样化的传播方式扩大了微课的影响范围，为教育资源的共享和传播提供了新的途径。

四、微课教学模式的应用

微课教学模式与传统教学模式相比具有很多优势，要将这一教学模式应用到高校英语教学中，可以从以下几个方面入手。

（一）微课资源开发与共享的加强

在高校英语教学中，微课教学模式的应用可以显著缓解教学资源分配不均的问题。例如，著名高校的优质教学资源可以通过微课平台上传，这使全国各地的高校学生都能享受到这些资源。这种资源的共享不仅增加了偏远地区学生的学习机会，还促进了教育资源的均衡分配。

（二）提高微课视频录制与制作技术

高质量的微课视频对于提升学习效果至关重要。高校教师在制作微课视频时，需要关注画质、音质以及内容表达的清晰度。例如，教师可以使用高清的摄像设备和专业的编辑软件来制作视频，确保内容传达的有效性和观看的舒适性。此外，高校也应鼓励和支持教师提升自身的视频录制和制作技能，如提供相关的培训和技术支持。同时，开发人员需要在技术、功能、安全等方面不断完善微课平台，以便更广泛地推广微课教学模式。

（三）构建全面的微课学习平台

单纯的视频播放不能完全满足教学和学习的需求。因此，构建一个包含多种辅助功能的微课学习平台是提高教学和学习效果的关键。例如，平台可以集成微练习、实时互动、讨论论坛等功能，这些功能不仅有助于提高学生的学习积极性和参与度，还有助于促进教师教学水平的提升。通过这样的平台，学生可以在观看微课视频后进行即时的练习和反馈，教师也可以根据学生的反馈及时调整教学策略，形成有效的教学闭环。

第三节　混合教学模式

一、混合教学模式的定义

混合教学模式是一种将传统面授教学与现代在线教学优势相结合的教学策略。这种教学模式融合了线上和线下两种教学形式，旨在通过这种有机结合，实现从浅层学习到深度学习的过渡。在这种模式下，学生不仅在传统课堂教学中与教师进行面对面互动，还能通过在线平台获取课程资源和进行自主学习。以高校英语课程为例，混合教学模式可以有效解决课堂人数众多导致的学习积极性不足、学习效率低下以及教师教学任务繁重等问题。在这种模式下，学生是学习活动的主体，他们将线下的课堂学习与线上的自主学习相结合，既能从教师那里获得直接的指导和反馈，又能在网络环境中自由探索和扩展学习内容。

混合教学模式强调"以学生为中心"的教学环境构建，这要求教师转变角色，从传统的知识传递者转变为引导者和问题解决者。例如，教师可以在课堂教学中提供关键概念的讲解和讨论，而将练习和拓展材料放在线上，供学生自主学习和探索。学生通过这种方式可以在教师的指导下理解核心知识，同时在线上进行深入探索，与其他学生互动交流，提高学习的主动性、自觉性和创新性。

二、混合教学模式的优势

混合教学模式结合了实体课堂教学和线上教学的优势，是现代教育环境下的一种创新教学策略。这种教学模式既突破了传统课堂教学的局限性，又弥补了线上教学的不足，形成了一种互补和协调的教学体系。

（一）突破空间与时间的限制

混合教学模式允许学生在不同的时间和地点进行学习，提高了学习的灵活性。例如，在线学习阶段，学生可以根据自己的学习特点和节奏进行学习，无须受限于固定的时间和地点。这种灵活性尤其适用于非全日制学生或需要兼顾工作和学习的人群，他们可以更有效地安排自己的学习时间和地点。

（二）提供个性化的学习体验

混合教学模式为学生提供了更加个性化的学习体验。线上学习阶段，学生可以自主选择学习材料，如观看教学微视频或阅读电子资料，按照自己的学习节奏进行预习和复习。这种个性化的学习方式能满足不同学习风格和能力的学生的需求。

（三）有效整合数据和技术

混合教学模式可以有效运用数据挖掘和学习分析技术来优化教学过程。通过收集和分析学生的在线学习行为和成绩数据，教师可以更准确地了解学生的学习状态，调整教学内容和方法，实现更精准的教学指导。这种基于数据的教学方法可以使教学更科学、更有效。

三、混合教学模式的要素

混合教学模式在现代教育中的应用越来越广泛，其成功实施依赖于几个关键要素的有效整合。

（一）教学环境的融合

混合教学模式的一个核心要素是教学环境的融合。这种模式结合了传统的课堂教学和在线教学两种环境，使教师的面授和在线指导得以有机结合。例如，教师可以在课堂教学中进行重要概念的讲解和交互式讨论，而学生可以在课后通过在线学习平台进行深入学习和实践。这种环境的混合不仅强化了教师的指导作用，也赋予了学生更多自主学习的机会。

（二）教学方式的融合

混合教学模式强调自主学习和协作学习的结合。学生通过自主学习，如查阅资料、在线研究等方式，掌握新知识。协作学习则发生在课堂讨论和线上交流中，例如，小组合作项目或在线论坛讨论。这种教学方式的结合使学生能够在自我探索的同时，通过与他人的互动来加深理解和拓宽视野。

（三）交互方式的混合

混合教学模式中的交互不仅限于传统的面对面交流，还包括线上的互动。这种混合交互方式使师生和生生之间的沟通更加多元化。例如，教师可以在课堂教学中进行直接的指导和反馈，而学生可以在网络平台上与同学交流思想和观点，特别对于那些在面对面交流中感到害羞的学生，线上交流为其提供了更为舒适的沟通环境。

（四）教学媒体的混合

在混合教学模式中，传统和现代的教学媒体得到了有效结合。例如，教师既可以利用黑板和粉笔进行直观的讲解，也可以通过网络媒体丰富教学内容。教学媒体的结合不仅拓宽了教学资源的应用范围，也提高了学生的学习兴趣和参与度。同时，通过线上平台，教师可以更容易追踪和分析学生的学习情况，对教学方法进行及时的调整。

四、混合教学模式的应用

在高校英语教育中应用混合教学模式，需要进行包括线上线下、课堂内外的多方面、多角度、多层次的教学设计。整体的教学设计要充分体现线上线下组合的优势，展现课堂内外的充分融合，通过课前、课中和课后三个环节实现知识的不断深化，能够挖掘学生的创新能力，促进学生对知识的转化与应用，培养和提升学生的高级思维能力。

（一）课前导学设计

在混合教学模式中，课前导学是实现有效教学的关键环节，它在网络平台的辅助下，为正式课堂学习做好准备。

1.小组划分与团队协作

在课前导学的设计中，小组的划分是一个重要环节。这不仅是为了促进学生之间的团队协作，也是为了让学生在多样化的学习环境中体验不同角色。例如，教师可以根据学生的学习能力、思维风格和认知方式等将学生分成多元化的小组，以促进互补和协作。在小组活动中，学生可以从不同的视角分析和解决问题，提升团队合作能力和实际操作能力。通过设计各种工作情境，如项目管理、案例分析等，学生可以在实践中学习和成长。

2.激活旧知与连接新知

课前导学的另一个重要环节是激活学生的旧知识，帮助他们建立新

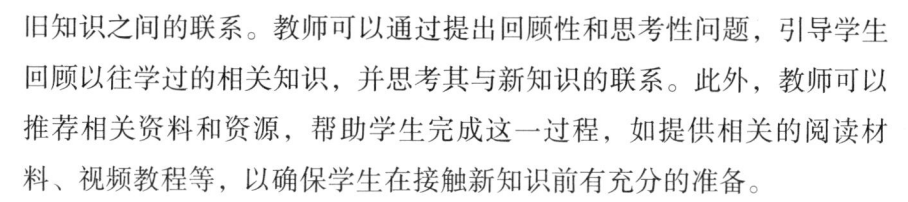

旧知识之间的联系。教师可以通过提出回顾性和思考性问题，引导学生回顾以往学过的相关知识，并思考其与新知识的联系。此外，教师可以推荐相关资料和资源，帮助学生完成这一过程，如提供相关的阅读材料、视频教程等，以确保学生在接触新知识前有充分的准备。

3.新知识的展示与任务引导

在课前导学中，教师需要对新知识进行简要介绍，并明确任务要求。这一阶段的目标是为课堂学习做好铺垫，让学生对即将学习的内容有一个基本的了解。教师可以利用多媒体材料，如视频、图片、PPT等，展示新知识点，同时引导学生进行思考和预习。这一阶段的设计应注重知识的易理解性和吸引力，以激发学生的学习兴趣和学习动力。

4.交流讨论与学习情况总结

在课前导学的最后阶段，教师需要关注学生的学习准备情况和线上学习行为。通过在线讨论、微视频观看、参与测验等活动，教师可以了解学生对旧知识的掌握程度和对新知识的初步理解程度。这一环节的目的是让教师直观了解学生的学习状况，以便在后续的课堂教学中做出相应调整和优化。

（二）课中研学设计

在混合教学模式下，课中研学是实现学习目标的关键环节，包括以下多个阶段，可帮助学生深入理解和应用所学知识。

1.新知识的展示与强化

课中研学需要对新知识进行详细的展示和强化。这一阶段，教师应使用多种教学媒介加深学生对新知识的理解。例如，在讲解一个新的数学概念时，教师可以通过图表和实例来阐释概念，并通过互动问答加强学生的理解。这种展示方式不仅增加了知识的可理解性，还激发了学生的学习兴趣。

2.实践应用与问题解决

课中研学的核心是将理论知识转化为实际技能。在这一阶段，教师应设计相应的模拟项目，引导学生运用新知识解决问题。通过小组合作，学生可以在实际情境中运用所学知识，加强团队协作能力。例如，在一个物理实验课上，学生可以分组进行实验设计，将理论知识应用于实际问题的解决中。

3.融会贯通与深度探讨

在实践应用之后，教师需要引导学生进行知识的融会贯通和深度探讨。通过布置更复杂的任务，教师可以帮助学生加深对关键问题的理解，提升解决复杂问题的能力。此外，通过深度探讨和思维引导，教师可以激发学生的探究意识，促进学生在知识的深层次上进行思考和实践。

4.课堂评价与反馈

课堂评价是课中研学环节的重要组成部分。在这一阶段，教师可以通过讨论、互评和竞赛等方式对学生的学习效果进行评价。教师应关注学生的课堂表现和作品质量，为学生提供及时的反馈和指导。此外，教师应鼓励学生进行自我评价和同伴评价，以增强学生的自我反思能力和批判性思维能力。

（三）课后促学设计

混合教学模式的成功实施在很大程度上依赖课后促学环节的有效设计。这一环节利用网络工具，巩固和提升课堂学习的成果，包含以下几个阶段。

1.实践探索

在课后促学的第一阶段，教师应引导学生对课堂内容进行深入思考，并寻找实践探索的机会。例如，教师可以向学生推荐相关的学习资源，如在线文章、视频教程或案例研究，以帮助他们完成对特定主题或问题的深度探索。在这一过程中，学生应被鼓励自主寻求答案和解决方案，从而提高他们的批判性思维能力和问题解决能力。

2.强化拓展

在实践探索的基础上，学生需要自主完成知识的强化和拓展。这一阶段要求学生独立完成一部分新知识的学习，实现对先前知识的纵向深化。例如，学生可以在进行一项科学实验后，通过独立研究进一步探讨实验结果背后的原理。这样的自主学习不仅加深了学生对课堂内容的理解，也培养了学生的自学能力。

3.迁移创造

课后促学的第三阶段是激发学生的创造性思维，鼓励他们将学到的知识应用于新的情境中。在这一阶段，学生应被鼓励将所学知识迁移到不同的领域或问题上，并尝试创造性地解决问题。例如，学生可以将物理课上学到的能量转化原理应用于设计一个小型可持续能源项目。

4.线上评价

课后促学的第四阶段是利用线上平台进行评价和反馈。学生应被鼓励在平台上总结个人的学习情况，包括学习目标、重难点的理解程度、在团队合作中的角色和学习习惯等。与此同时，教师应回顾和反思整个教学过程，利用平台的大数据优势，对学生的线上学习行为进行详细分析，为其提供个性化的反馈和评价。

第六章　互联网环境下高校英语知识教学创新实践

第一节　互联网环境下高校英语词汇教学创新实践

一、高校英语词汇教学的意义

（一）认知发展与语言基础构建

高校英语词汇教学在学生认知发展和语言能力构建中扮演着至关重要的角色。词汇是语言的基石，它不仅是语言表达的基本工具，也是理解和掌握任何语言的关键。在高校英语教学中，对词汇的系统教学能够帮助学生构建坚实的语言基础，这是学生进行有效沟通的前提。具体来说，词汇教学可以增强学生的语言感知能力，帮助他们更好地理解英语语境和文化背景。此外，词汇量的积累对于提高阅读理解能力、听力理解能力及口语和写作能力至关重要。例如，在阅读英语文献时，充足的词汇量能够让学生更准确地理解文章的深层含义，从而更好地进行学术研究和交流。

（二）应用能力与实际交流能力提升

高校英语词汇教学对学生的实际应用能力提升具有重要意义。在经济全球化的背景下，英语已成为国际交流的主要语言。掌握丰富的词汇不仅有利于学生在学术领域内进行表达和交流，也是其在未来职业生涯中跨文化沟通的重要基础。比如，在商务英语环境中，熟练掌握专业词汇能够帮助学生更准确地表达自己的观点,更好地理解合作伙伴的需求和意图,从而促进商务交流和谈判。此外,随着科技的发展,越来越多的英语词汇与科技创新密切相关。在这种情况下,具备足够的词汇量能使学生更好地跟上时代发展的步伐,适应不断变化的科技和经济环境。因此,高校英语词汇教学不仅有助于学生在学术上的成长,也为他们的职业发展和跨文化交际打下坚实的基础。

二、高校英语词汇教学的原则

高校英语词汇教学遵循一系列核心教学原则,这对于提高教学效果、提升学生的语言能力至关重要。

(一)文化融合原则

高校英语词汇教学应紧密结合文化背景,因为语言和文化是不可分割的。教师在教授词汇时,不仅应该强调词汇的意义和结构,而且应该将其与相关的文化背景联系起来。例如,讲解"news"这个单词时,教师可以介绍它的词源和文化含义,帮助学生理解为什么它指的是来自各个方向的消息。这种教学方法不仅增加了词汇学习的趣味性,而且有助于学生更深入地理解和记忆词汇。

(二)词汇运用原则

高校英语词汇教学的重点应放在其实际应用上。教师应从语境和语言使用的角度出发,教授学生如何准确使用词汇。设计词汇学习活动时,应考虑学生的具体特点,鼓励他们通过各种形式的练习来提高词汇联想和应用能力。例如,通过角色扮演、情境模拟和小组讨论等活动,学生可以在实际语境中练习使用新学的词汇,从而加深对词汇的理解和记忆。

(三)目标分类原则

在高校英语词汇教学中,教师应根据学生的学习特点和具体需求设定学习目标。词汇可以分为过目词汇、识别词汇和运用词汇。例如,对于文学专业的学生，教师可能需要强调诗歌、小说等文体中常用的描述性和象征性词汇。而对于商务英语专业的学生，教师则可能更加注重教授与商业交流相关的专业术语。这样的目标分类能够确保词汇教学更具针对性和实用性。

三、高校英语词汇教学方法

在互联网时代背景下，高校英语教育教学工作者可以利用互联网等现代信息技术开展词汇教学，具体的教学方法包括语料库教学法和跨文化教学法。

（一）语料库教学法

在高校英语词汇教学中，语料库教学法是提高词汇学习效果的有效手段。

1. 语境化词汇学习

利用语料库进行词汇学习能够有效地将词汇置于具体的语境中，从而加强学生对词汇的理解和记忆。例如，教师可以选取单词"sustainable"作为教学对象。在语料库中，教师和学生可以检索该单词的使用实例，了解其在不同语境下的具体用法，如"sustainable development"（可持续发展）或"sustainable practices"（可持续实践）。通过对这些实例的分析，学生不仅能理解"sustainable"的意义，还能了解其在真实语境中的应用，从而更加深入地掌握该单词。

2. 近义词和同义词的对比学习

在语料库中检索近义词和同义词是一种有效的学习方法。例如，教师可以引导学生探索单词"hinder"和"impede"的用法。通过输入这两个单词到语料库的搜索栏，并分析检索结果，学生可以对比这两个单词在不同语境中的使用方式和微妙的意义差异。这种基于实例的学习方法不仅促进了学生对单词细微差别的理解，还提高了他们的批判性思维和分析能力。

3.词语搭配的深入分析

在语料库中检索词语搭配是理解和运用词语的重要方法。例如，对于单词"innovate"，教师可以指导学生在语料库中检索其常见搭配，如"innovate approach"（创新方法）和"innovate technology"（创新技术）。这种方法不仅帮助学生了解特定词语的搭配用法，还增进了他们对词语搭配习惯和语言习惯的理解。通过这种实际操作，学生能够在实际语境中准确地运用词语。

4.利用语料库进行词汇复习与巩固

在高校英语词汇教学中，利用语料库进行复习与巩固是一种非常有效的方法。通过提供真实的语境例句，语料库帮助学生加深对词汇的理解和记忆。例如，教师可以利用语料库中的例句设计各种练习，如填空题、选择题或匹配题。在这些练习中，学生需要根据上下文猜测并填入正确的词语，这种活动不仅帮助学生回顾已学词语，而且促进他们在实际语境中应用这些词语。此外，教师可以根据教学内容选择不同类型的语料，以确保练习的相关性和有效性。

（二）跨文化教学法

在具体的高校英语词汇教学中，教师可以采用跨文化教学法，即在高校英语词汇教学中融入文化知识，以丰富学生的文化知识，提高学生的词汇运用能力。

1.文化融入法

在高校英语词汇教学中，文化融入法是一种有效的跨文化教学方法。此方法旨在将英语文化知识与词汇教学相结合，提高学生对英语语言背后的文化理解，从而增强词汇学习的深度和广度。

（1）文化背景的引入：文化融入法要求教师在课堂教学中巧妙地引入与教学内容相关的英语文化信息。例如，当教授单词"double-decker-bus"（双层巴士）时，教师可以介绍这一交通工具在英国文化中的地位和象征意义，如它在伦敦的普遍使用及其作为英国文化符号的地位。这种方法不仅使学生了解词语的字面意义，而且让他们领略到该词语承载的文化内涵，从而更全面地理解词语。

（2）活跃课堂气氛：在教学中融入文化知识还能活跃课堂气氛，激发学生的学习兴趣。例如，教授"the Spring Festival"（春节）这个词语时，教师可以展示与春节相关的图片或视频，介绍节日的历史和现代庆祝方式，甚至可以组织一些与春节相关的课堂教学活动，如讨论节日习俗或设计春节主题的英语对话。这样的教学活动不仅丰富了学生的文化知识，也提高了他们参与课堂学习的积极性。

2. 文化拓展法

课堂教学时间毕竟是有限的，因此教师可引导学生进行自主学习，即充分利用课外时间扩充词汇量，丰富词汇文化知识，具体可采用以下几种方式。

（1）课外阅读活动：为了丰富学生的词汇文化知识，教师可以引导学生在课外时间进行有目的的阅读活动。例如，教师可以推荐与英美文化相关的文章和书籍，如《英美国家社会与文化》《英美文化与习俗》等。此外，教师还可以鼓励学生阅读英美原著小说和诗歌，以便学生更深入地了解英美文化和社会习俗。通过这些阅读活动，学生不仅能学习到大量的词汇，还能了解词汇背后的文化含义，从而更全面地理解和使用英语。

（2）实际操作和文化体验活动：为了增强学生的实际应用能力和跨文化交际能力，教师可以组织各种实践活动，让学生在真实的语言环境中使用英语。例如，教师可以安排国际视频会议，让学生与外国学生进行交流，或者组织国际文化节等活动，让学生亲身体验不同国家的文化。通过这些活动，学生可以在实际交际中感受和理解不同文化之间的差异，从而提高自己的语言理解和表达能力。这种文化体验活动也能激发学生对英语学习的兴趣，增强他们学习英语的动力。

（3）英语电视剧的观看活动：作为英语电影的补充，观看英语电视剧也是一种有效的跨文化教学方法。英语电视剧通常包含更加丰富和深入的文化元素，其情节连贯性和角色发展有利于学生更深层次理解不同文化。例如，教师可以选取一部英语国家的热门电视剧，如《唐顿庄园》(*Downton Abbey*)，让学生在欣赏剧情的同时了解英国的历史背景、社会阶层和文化习俗。通过观看这些电视剧，学生不仅能学习到地道的英语表达，还能对英语国家的文化有更深入的理解。

第二节　互联网环境下高校英语语法教学创新实践

一、高校英语语法教学的意义

（一）有助于认知能力的发展和逻辑思维能力的提升

高校英语语法教学的一个重要意义在于它对学生认知能力和逻辑思维的发展。语法作为语言的骨架，提供了理解和构建句子的基本规则，是学习任何语言不可或缺的部分。在高校阶段，学生通过学习英语语法，不仅掌握了语言的基本结构，而且培养了严密的逻辑思维能力。例如，学习时态和语态能帮助学生理解不同时间背景下事件的逻辑关系，提升他们对语言细节的敏感度。此外，通过分析复杂句子的结构，学生能够学习如何清晰、有逻辑地表达自己的思想和观点。这种训练不仅对语言学习有所帮助，还能在学术写作和日常交流中提升他们的表达能力。

（二）有助于语言运用精准度和有效沟通能力的提高

英语语法教学对于提高学生的语言运用精准度和有效沟通能力至关重要。掌握语法规则使学生能够正确、恰当地使用英语进行沟通。在高校阶段，学生需要用英语进行学术交流、撰写论文或参与国际合作项目。这些活动不仅要求学生能流利地使用英语，还要求他们能准确无误地表述复杂的观点和概念。例如，在学术写作中，正确的语法结构可以帮助学生清晰地表达他们的研究结果和论点，避免由于语法错误而引起的误解或不清晰表达。同样地，在商务英语或专业领域中，准确的语法结构能够提高交流的专业性和有效性。因此，英语语法教学不仅是学生学习英语的基础，也是他们在未来职业生涯中有效沟通的关键。

二、高校英语语法教学的原则

（一）系统性原则

在高校英语语法教学中，系统性原则强调以系统化的方式传授语法知识。这意味着语法教学应该是连贯的、有序的，并且各个部分之间是相互关联的。例如，教师在讲授时态时，应从最基本的一般现在时开始，逐步过渡到一般过去时、现在进行时，再过渡到更复杂的过去进行时和现在完成时。这种由浅入深、循序渐进的教学方法能够帮助学生构建完整的语法知识体系，使他们更容易理解和掌握各个语法点。此外，系统性原则还要求教师在教学中注意语法规则的内在逻辑，使学生能够理解语法的形式和功能之间的联系。

（二）交际性原则

交际性原则着重将语法知识应用于实际交际中。这要求教师在教学过程中不仅要传授语法规则，还要教授如何在真实的交际场景中运用这些规则。例如，教师可以通过角色扮演、情景对话等活动，让学生在具体的交际场景中使用不同的时态和语态。这样的教学方法不仅提高了学生的语法应用能力，还使他们掌握了更多的沟通技巧。

（三）情感性原则

情感性原则强调在语法教学中应考虑学生的情感和兴趣。教师应通过各种教学策略激发学生对英语语法的兴趣，如通过有趣的语法游戏、语法故事或与学生生活经验相关的例子来讲授语法点。这样的教学方法能够提高学生的学习积极性，使他们在轻松愉快的氛围中学习语法。

(四)针对性原则

针对性原则要求教师根据学生的实际水平和需求设计语法教学内容。这意味着教师需要了解学生的语法基础、学习难点和学习目标,并据此调整教学策略和内容。例如,对于英语基础较差的学生,教师可以更多地使用直观的教学辅助工具和简单的实例;而对于英语水平较高的学生,则可以引入更多的高级语法内容和复杂的语法练习。

(五)综合性原则

在高校英语语法教学中,坚持综合性原则是确保教学质量和效果的关键。综合性原则主张在语法教学过程中避免单一的教学方法,而要综合运用多种教学方法。在内容方面,综合性原则强调要将语法教学与听、说、读、写等语言技能的教学相结合。语法不是孤立的知识点,而是服务于整体的语言技能。因此,在教学过程中,教师应将语法知识融入听力练习、口语表达、阅读理解和写作技巧的训练中。例如,通过阅读练习,学生可以在实际语境中理解语法规则;在写作技巧和口语表达中,学生则有机会运用这些语法规则,提高交际能力。

三、高校英语语法教学方法的实践

(一)在线互动式语感训练

在互联网环境下,高校英语语法教学可以通过在线互动平台进行语感训练。利用多媒体和互动软件,教师可以展示含有丰富词汇和实用语法结构的英语材料,如视频片段、音频录音或互动故事。例如,教师可以利用在线视频平台展示一个英语国家的纪录片片段,然后引导学生关注其中的关键语法和表达方式。学生可以通过在线讨论、评论或者互动式问答练习使用这些语法,从而在实际语境中加深对语法的理解和记忆。此外,利用语言学习软件或应用程序,学生可以进行个性化的语法学习,根据自己的学习进度和兴趣选择相应的学习内容。

（二）网络知识竞赛和在线测验

利用网络平台进行知识竞赛和在线测验能有效激发学生的学习热情与竞争意识。例如，教师可以在网络教学平台上设置一系列关于英语语法的挑战和测验，如趣味造句比赛、语法应用问题解答等。学生可以作为小组成员或个人参与这些活动，争取在限定时间内完成挑战，获取积分或奖励。这种方式不仅让学生在轻松愉快的氛围中学习，还促进了他们在实际语言使用中的思考。此外，通过在线数据分析工具，教师可以追踪学生的学习进展，及时调整教学内容和策略。

（三）互联网环境中的显性文化教学

在互联网环境下，显性文化教学可以采用更为动态和互动的方式进行。虽然这种教学方法主要侧重于传输英语国家的历史、风俗习惯、法律制度等具体知识，但借助网络技术，教师可以通过在线课程、互动讲座、参观数字博物馆等方式丰富教学内容。例如，教师可以利用网络平台，组织学生观看关于英美文化的专题讲座，或者通过虚拟现实技术让学生"参观"英国的历史古迹。这样的方法不仅使学生在学习语法的同时了解文化背景，而且可以提高学生的学习兴趣和参与度。

（四）隐性文化的在线融合教学

在互联网环境中，隐性文化教学更加注重文化体验和实际交际能力的培养。通过在线角色扮演、论坛讨论、模拟对话等形式，学生可以在学习语法的同时体验英语文化的多样性和复杂性。例如，教师可以设置一个模拟场景，让学生在线上进行角色扮演。通过这种情境模拟，学生不仅能运用学到的语法知识，还能在实际交际中感受英语国家的文化差异。这种方法有助于学生在了解和运用语法规则的同时，提高他们对英语文化的理解和接受能力。

第七章　互联网环境下高校英语技能教学创新实践

第一节　互联网环境下高校英语听力教学创新实践

一、高校英语听力教学内容

（一）听力知识的传授

在高校英语听力教学中，听力知识的传授是基础。听力知识通常涉及语音、语调、重音和语速等方面的知识。语音知识帮助学生区分不同的发音，提高对话音的准确识别能力。语调和重音的学习则有助于学生理解英语的语气和腔调，从而更好地把握说话人的意图和情感。此外，对语速的理解对于提高学生适应不同口语速度的能力至关重要。例如，通过练习快速对话的听力，学生可以逐渐适应英语国家日常交流中的语速，提高理解能力。教师可以播放不同风格和速度的英语材料，让学生在多样化的听力练习中掌握这些基本知识。

（二）听力技能的培养

听力技能的培养是高校英语听力教学的关键内容。这包括预测、推断、总结和归纳等技能的训练。预测技能使学生能够在听前对内容进行合理猜测，为理解做好准备；推断技能则帮助学生在听的过程中，根据已有信息推断未知信息；总结和归纳技能使学生能够提取听力材料的主要信息和核心思想。通过系统性的听力练习，如填空题、选择题或回答问题等形式，学生可以在实践中逐步提高这些技能。教师可以设计有针对性的练习，鼓励学生在听力训练过程中积极运用这些技能，从而提高听力理解和分析能力。

（三）听力理解能力的培养

听力理解能力的培养是高校英语听力教学的核心目标。听力理解能力不仅包括对具体信息的理解，也包括对对话或短文整体内容的把握。听力理解能力要求学生能有效识别和处理各种听力材料中的关键信息，如对话中的人物关系、事件发展及情感态度等。教师可以利用真实的听力材料，如新闻、访谈、电影片段等，提高学生对不同场合使用英语的理解能力。同时，通过分析和讨论这些材料，学生可以加深对文化背景和语境的理解，从而在更广泛的领域提高听力理解能力。

（四）语感的培养

语感的培养在高校英语听力教学中同样重要。良好的语感能够使学生更加自然地理解和提高英语口语。这涉及对英语节奏、语调和非语言元素（如停顿、语气等）的感知。语感的提高有助于学生更准确地捕捉口语中的细微差别，并在实际交流中自如应对。为了培养学生的语感，教师可以设计模仿练习、口语对话和听写活动。这些活动鼓励学生主动模仿地道的英语发音和语调，提高他们对英语口语特点的感知能力。通过持续练习和反馈，学生的英语语感将逐渐提升，对听力理解和口语表达都有所帮助。

二、高校英语听力教学的意义

（一）有助于社交能力的培养

高校英语听力教学在培养学生社交能力方面扮演着至关重要的角色。通过听力训练，学生不仅能理解对话的文字意义，还能敏锐地捕捉到非言语信息，如说话者的语调、节奏和肢体语言。这种对细微信息的理解对于社交至关重要，尤其是在需要精确理解对方意图和情绪的商务谈判或团队合作中。例如，在跨文化交际的场景中，不同文化背景的人可能会有不同的沟通方式和习惯。良好的听力技能可以帮助学生更准确地解读这些文化差异，并有效地进行沟通。因此，高校英语听力教学不仅限于提高语言理解能力，更关键的是它在培养学生综合社交技能和文化敏感性上同样发挥着重要作用。

（二）有助于英语语言思维的培养

英语听力教学与培养学生的英语语言思维密切相关。英语思维的形成需要大量的语言输入和实践。有效的英语听力训练能够帮助学生快速适应英语的表达习惯和思维模式。这种思维模式的建立对于学生掌握英语非常重要，因为它直接影响着学生在英语口语、阅读、写作和翻译等方面的表现。通过听不同类型和风格的英语材料，学生可以潜移默化地吸收英语的逻辑结构和表达风格，从而更加自然地使用英语进行思考和表达。此外，英语语感的培养还能加强学生的自信心和语言运用的流畅度。

（三）提高在多模态学习环境中的适应性

随着教育技术的发展，多模态学习环境已成为现代教学的标配。这种环境中的学习涉及对多种信息形式的处理和整合，包括视觉、听觉和触觉等。在这种背景下，听力教学变得尤为重要。优秀的听力技能使学生能够有效地处理和整合来自不同渠道的信息，特别是在处理复杂的音频和视频材料时。比如，当学生观看包含图表、文字和口头解释的多媒体演示时，良好的听力能力可以帮助他们更全面、更准确地理解信息，进而更有效地参与讨论和学习活动。因此，听力教学在帮助学生适应快速发展的信息技术和多样化的学习环境方面发挥着重要作用。

三、高校英语听力教学方法实践

（一）开展个性化学习

在互联网环境下开展个性化学习成为高校英语听力教学的主要趋

势。通过智能推荐系统和自适应学习平台，学生可以接触到与个人水平和兴趣相匹配的听力材料。这种个性化的学习方法使每位学生都能按照自己的节奏和需求进行学习，有效提升听力技能。例如，学生可以通过自适应平台选择不同难度的听力材料，进行逐步学习，同时平台根据学生的学习情况进行智能推荐，确保学习材料的针对性和有效性。

（二）融合多媒体平台

多媒体平台，如社交媒体、短视频等，在高校英语听力教学中越来越受欢迎。这些平台上的内容通常更加生动，更加贴近学生的生活和兴趣，从而提高了学生的参与度和学习动机。例如，教师可以利用与学生专业相关的短视频来进行听力练习，这些内容不仅增强了教学的趣味性和实用性，还有助于学生将听力技能应用于实际的工作和生活场景中。这种多媒体的融入不仅提高了听力材料的多样性，还为学生提供了丰富的语言输入，有助于提高他们的综合英语能力。

（三）利用即时性与多样化的资源

在互联网环境下，高校英语听力教学可以获得更多即时性和多样化的资源。不同于传统课堂教学中的有限听力材料，网络技术为高校听力教学提供了丰富的英语听力资源，这极大地丰富了教学内容。例如，教师可以根据学生的学习需求和兴趣，即时搜索并引入各种类型的听力材料，如国际新闻、专业讲座、电影片段等。这种灵活性使听力教学更加贴合学生的专业背景和学习目标，提升了教学的个性化和实用性。同时，学生可以通过网络平台自主选择符合自己水平和兴趣的材料，进行自主学习，从而提高学习效率和兴趣。

（四）加强互联互通与实时反馈

互联网技术的互联互通性为高校英语听力教学带来了更多的互动和实时反馈机会。教师可以通过在线平台分享听力练习材料，并实时追踪学生的完成情况。这种实时监控不仅能使教师及时调整教学策略，还能为学生提供个性化的反馈和辅导。例如，教师可以根据学生在在线听力测试中的表现，提供针对性的辅导和建议，帮助学生克服具体的听力难题。此外，学生可以利用在线讨论区和论坛与同学和教师交流听力体会和学习策略，从而在互动中提高听力水平。

（五）视听融合的听力教学法

在互联网环境下，高校英语听力教学可以有效地融合视觉和听觉信息，为学生提供一个更加全面和丰富的学习体验。通过使用视频、动画、图表和相关的文本材料，教师能够提供视觉上的辅助信息，帮助学生更好地理解听力材料。例如，教师可以利用在线视频资料，如演讲、新闻报道或专题纪录片，这些材料包含了丰富的听力内容，其中伴随的视觉信息如演讲者的表情、手势、图表等也为理解听力内容提供了额外的线索。此外，通过网络平台的互动特性，学生可以在观看视频的同时参与在线讨论或提问，学习过程更活跃，参与度更高。这种视听融合的方法不仅增强了学生的听力理解能力，也提升了他们对英语语言文化的感知。

（六）听觉信息的强化训练

在互联网环境中，高校英语听力教学应注重听觉信息的强化训练，特别是对语气、语调等非文字信息的理解。在线教学平台可以提供各种口语表达的实例，如播客、访谈节目和故事讲述等，这些材料常常包含丰富的情感和语调变化，对学生理解语境和说话者意图至关重要。例如，教师可以选用具有不同情感色彩的英语短剧或对话进行教学，让学生练习识别和理解说话者的语气与情感。通过这种方法，学生能够学习如何根据语调和语气来推断言外之意，这对于提高他们在实际交际中的英语理解和反应能力非常有帮助。同时，互联网平台的灵活性也允许教师根据学生的学习进度和反馈，调整教学内容和难度，确保教学效果最大化。

第二节 互联网环境下高校英语口语教学创新实践

一、高校英语口语教学内容

（一）语音训练

在高校英语口语教学中，语音训练是基础且重要的一环。它涉及发音的准确性、语音的连贯性以及语调的恰当性。良好的语音基础不仅能提高学生的口语表达清晰度，还能加强交流的有效性。此外，语音训练还包括语速控制和停顿的运用，这些技巧的掌握对于提高口语流畅性和自然度至关重要。

（二）词汇和语法

在高校英语口语教学中，词汇和语法的教学应该融入实际的交流实践中，而不是孤立地记忆和学习。词汇和语法是口语交流的重要组成部分，直接影响表达的准确性和丰富性。此外，词汇的选择和语法的运用也应根据不同的交流目的和语境进行调整，这要求学生不仅要掌握词汇和语法知识，还要了解它们在不同情境下的适用性。

（三）会话技巧

会话技巧是高校英语口语教学中的一个核心内容，它包括话题引入、信息交换、意见表达和文化适应等方面。有效的会话技巧能够使口语交流更加流畅和高效。教师可以通过模拟不同的交际场合，如日常对话、学术讨论、商务谈判等，培养学生的会话技巧。

（四）交际策略

所谓"交际策略"，是指当某种语言的使用者在话语计划阶段由于自身语言方面的不足而无法表达其想要表达的思想时所采取的策略。在交际过程中，为克服因语言能力不足而导致交际困难，交际者使用语言或非语言手段的能力即为交际策略能力。交际策略也是大学英语口语教学的重要内容。

口语交际活动往往不可预测，因此在交际过程中遇到尴尬局面也是在所难免的，这就要求交际者具备一定的交际策略能力，以便在需要时借助交际策略解决遇到的困难，促使交际顺利进行。交际策略能力包括两个方面：一是发生困难时使对方理解自己讲话内容的能力，这一能力被称为"补偿能力"，在高校英语口语教学中，补偿能力的培养至关重要，它涉及学生在交际中如何有效地表达自己的想法，尤其是在语言能力受限的情况下，它帮助学生在缺乏足够词汇或语法知识的情况下仍能清晰地传达信息；二是在理解困难时获取话语真正含义的能力，这一能力被称为"协商能力"，协商能力是指学生在口语交际过程中理解对方话语内容的能力，尤其指在遇到听力理解困难时获取话语真正含义的能力。这一能力培养在高校英语口语教学中尤为重要，因为它直接关系到交际的有效性和顺畅性。

二、高校英语口语教学的意义

（一）强化交际能力和文化理解

在高校英语教学中，口语教学的重要性不仅体现在提高学生的语言交际能力上，还体现在通过口语交流促进对英语文化的深入理解上。口语作为直接的交流手段，不仅传递信息，还是文化交流的桥梁。与阅读和写作相比，口语教学更注重实际应用，强调学生在真实或模拟的社交环境中灵活运用英语。现代教学法如"任务型教学"和"情境模拟法"都在强调口语在交际中的作用。例如，在情境模拟中，学生可以扮演不同角色进行对话练习，这不仅提高了他们的语言表达能力，还使他们能够在实际交流中体验并学习英语国家的文化习俗和交际规则，从而提升跨文化交际能力。

（二）促进词汇的实际应用和记忆

口语练习在词汇学习中扮演着至关重要的角色。高校英语口语教学通过实际的语言输出，帮助学生巩固和扩展词汇量。不同于传统的死记硬背，口语交流让学生在真实的语境中使用新词汇，这种情境学习不仅加深了学生对词汇含义的理解，而且有助于长期记忆的形成。此外，口语练习中的即兴对话、角色扮演等活动能够激发学生创造性地使用语言，从而使学生在不断的实践中学会如何在不同情境下灵活运用词汇。

（三）增强跨文化意识和适应性

高校英语口语教学对于提升学生的跨文化交际能力具有深远的影响。通过口语交流，学生不仅学习语言，还能接触并理解不同文化背景下的交际方式和文化习俗。这一过程有助于学生建立跨文化交际的意识，提高适应不同文化环境的能力。例如，在口语课堂教学中，教师可以引入不同国家的文化背景材料，鼓励学生探讨并比较不同文化中的交际习惯，从而培养学生的全球视野和跨文化适应能力。口语交流也是培养批判性思维的有效途径，通过与不同文化背景的人交流，学生可以学会从多个角度看待问题，增强跨文化理解能力，并学会尊重多样化的文化。

三、高校英语口语教学方法实践

（一）影视教学法创新实践

1.合理选择与剪辑影视教学资源

在高校英语口语教学中，以影视资料为教学媒介的首要步骤是精心选择和剪辑教学资源。选择影视资料时，教师需要考虑学生的英语水平和教学目标，确保所选材料既具有挑战性，又不会超出学生的理解范围。例如，对于初级学生，可以选用情节简单、包含日常对话的英语电视剧或电影片段；对于更高水平的学生，则可以选用涉及复杂话题和专业术语的纪录片或电影。此外，影视资料的文化内容也非常重要，它不仅能提供语言学习的素材,还能拓展学生对英语国家文化的认识。在课前,教师应对所选材料进行剪辑,提取适合口语教学的片段,并设计相关的口语练习任务,如角色扮演、情境讨论等,以激发学生的学习兴趣。

2.影视教学与口语练习的结合

将影视教学法融入高校英语口语教学的核心在于将影视内容与口语练习有效结合。教师可以将影视片段作为教学的起点,设计一系列与影视片段内容相关的口语活动。例如,教师可以让学生先观看一个英语电影片段,然后引导他们就片段中的情节、角色或文化背景进行讨论。这样的活动不仅提高了学生的听力能力、理解能力,也促进了他们的口语表达。更进一步,教师可以鼓励学生模仿片段中的对话,或者创造类似情境的对话,以增强学生的语言实践能力。通过这种互动性的教学方式,学生能够在真实的语境中练习口语,提高其实际交际能力。

3.拓宽思维和文化视野

影视教学法在高校英语口语教学中的另一个重要作用是拓宽学生的思维和文化视野。影视作品通常蕴含丰富的文化元素和生活场景,这为学生提供了学习和体验英语国家文化的机会。通过观看和讨论这些影视作品,学生不仅能学习生动的语言表达,还能了解不同的生活方式、价值观念和社会习俗。例如,教师可以选择反映英语国家历史、节日或日常生活的电影或电视节目,引导学生讨论其中的文化差异和社会背景,从而提升学生的跨文化交际能力。通过这些活动,学生不仅提高了英语口语能力,还培养了批判性思维能力。

(二)移动技术教学法

移动技术教学法作为一种新兴的教学方式,主要利用智能手机、平板电脑等移动设备以及相关的应用程序来辅助英语口语教学。这种方法的核心优势在于其具有灵活性和便捷性,它允许学生在任何时间、任何地点进行学习,大大扩展了学习的范围和深度。在大学英语口语教学中，移动技术可以被用来实现多种教学目标，例如，提供丰富的语言输入、增加口语练习的机会、促进学生间的交流互动等。

1.课前自主学习环节的设计与实施

在高校英语口语教学中，课前自学是移动技术教学法的重要环节。教师应根据教学目标精心设计并制作适宜长度的音视频材料，通过网络平台（如教学博客或学习管理系统）分享给学生。这些材料不仅涵盖了即将授课的文化背景和语言知识点，还包括相应的练习题和互动元素。学生利用移动设备在课前进行自主学习，这种灵活的学习方式既适应了学生个性化学习的需求，又充分利用了零碎时间。学生在学习过程中完成的练习，如选择题和录音回答，不仅有助于教师了解学生的学习情况，也为课堂教学提供了反馈。此外，课前自学有助于学生提前激活相关的知识和语言技能，为课堂学习打下坚实的基础。

2.课堂教学与互动环节的优化

在学生完成课前自学后，课堂教学就会更加高效、更具针对性。此时，教师的角色转变为引导者和协调者，而非单纯的知识传授者。教师在课堂教学中的主要任务是巩固和深化学生对音视频材料的理解，重点关注学生可能存在困惑的词汇、句型和语法点。教师可以采用多种教学方法，如播放材料片段并进行详细讲解、示范标准发音和表达，以及提出问题激励学生参与口语练习。在这个环节中，学生应被鼓励积极参与讨论和口语实践，以加深学生对学习内容的理解和掌握。通过这种互动式教学，学生能够在理解和运用知识的同时，提高口语表达能力和交际技巧。移动技术的应用在这一环节中不仅便于教师快速调整教学内容，也为学生提供即时反馈和更多交流的机会。

3.课堂互动

课堂互动可以采取生生互动、师生互动等形式，旨在引导学生在具体语境中对语言进行灵活运用。需要注意的是，教师在设计互动活动时应坚持由易到难、由浅入深的原则，将机械性练习与灵活性练习、创造性练习与半机械性练习、高难度练习与可接受性练习结合起来。课堂互动能创造愉快、轻松的学习氛围，为每位学生提供参与的机会，有效弥补大班上课的缺点，使一些害怕开口的学生也敢于进行英语交流。需要特别说明的是，学生在参与互动活动的过程中可以随时通过移动设备查找相关信息，这使移动技术真正成为口语教学的得力助手。

4.课后移动式合作学习

在高校英语口语教学中，课后移动式合作学习是移动技术教学法的关键环节之一。这一环节的目的是利用课堂外的时间进行深入的语言实践，通过合作学习的方式使学生能够在真实或模拟的语言使用情境中进行更深入的语言应用和探索。

在这一环节中，教师应依据课堂教学内容设计一系列开放式的实践任务，如主题讨论、角色扮演或小型项目研究，这些任务旨在激发学生的学习兴趣，并鼓励他们在真实的语境中应用所学的英语口语，从而提升他们的交际和团队合作能力。在执行这些任务的过程中，移动技术发挥着关键作用，教师可以通过短信、电子邮件或学习管理系统来布置任务和通知学生分组情况。学生则利用智能手机、平板电脑等移动设备进行小组讨论、信息交换，甚至通过视频会议软件进行线上会议。完成任务后，学生通过电子方式提交作业，如录音或视频材料，教师则对提交的作业进行及时的评估和反馈。这种反馈机制不仅及时纠正了学生的错误，还大大激发了他们持续进步的动力。通过这样的教学环节，学生不仅能在真实或模拟的语言使用环境中进行深入的语言实践，也能在探索语言运用方式的过程中拓展新知，还能在发现问题、分析问题、解决问题的过程中培养创新思维和自主学习能力。

第三节　互联网环境下高校英语阅读教学创新实践

一、高校英语阅读教学内容

(一) 基础阅读技能

基础阅读技能的教授是高校英语阅读教学的根基，涵盖了对词汇的深入理解和语法结构的准确把握。这不仅包括识别和理解单词的意义，还涉及解析短语和句子结构。学生需要通过这些基础技能来理解文本的表面含义。此外，识别主题句和支持细节也是基础阅读技能的重要组成部分。这要求学生能够在阅读过程中快速找到文本的核心观点，并理解支撑这一观点的证据和论述。

(二) 阅读理解

阅读理解是对文本更深层次的理解和解析。这不仅包括理解文本的直接信息，还包括把握文章的总体结构、作者的写作意图和文中隐含的深层含义。学生应学会分析文章的逻辑结构，理解段落之间的联系，以及作者如何通过论述和论证来支持其观点。此外，学生还需要学会根据文本进行推理，能够在已有信息的基础上推测作者可能未直接表述的内容。这种推理能力对于理解复杂的学术文本和分析文章的深层含义尤为重要。

(三) 批判性阅读

批判性阅读涉及对阅读材料的深入分析和评价。学生在阅读过程中应学会质疑和评价作者的观点与论据，识别可能的偏见或逻辑漏洞。这要求学生不仅要理解文本内容，还要评估信息的可靠性，分辨事实与观点的差异，以及识别文本中出现的主观色彩或偏颇。批判性阅读能力的培养有助于学生形成独立思考的习惯,对于他们未来在学术研究或职业生涯中取得成功至关重要。

(四)速读和浏览技能

速读和浏览技能使学生能够快速捕捉文本的主要内容和关键信息,这在处理大量阅读材料时尤为重要。学生应学会高效地浏览文本,识别核心观点和关键词汇,同时忽略次要信息。这种技能不仅能提高阅读效率,还能帮助学生在短时间内获取所需信息。

(五)阅读策略

教授有效的阅读策略是提高学生阅读效率和理解力的关键。这些策略包括预测、归纳、总结等,能够帮助学生更好地理解和记忆阅读材料。预测策略使学生能够在阅读前预测文本的内容和结构,从而更好地组织阅读过程;归纳策略有助于学生在阅读后总结主要观点和论点;总结策略则能帮助学生整合信息,形成对文本的整体理解。

二、高校英语阅读教学的意义

(一)提供丰富的学习材料

高校英语阅读教学为学生提供了一个深入了解英语语言和文化的绝佳机会。在中国,英语学生普遍缺少真实的语言环境,阅读教学通过提供丰富多样的文本,帮助学生接触到纯正的英语表达和地道的文化背景。学生通过阅读不仅能了解英语国家的历史、文化、社会和日常生活,还能从中获得广泛的知识。通过接触不同类型的文本,从新闻报道到文学作品,学生能够更全面地理解英语语言的使用场景和文化内涵。这种文化的接触和理解不仅拓宽了学生的国际视野,而且加深了他们对全球文化多样性和跨文化交际的认识,对于培养国际化人才具有重要作用。

(二)强化语言应用能力

高校英语阅读教学不只是让学生理解文本的内容,更重要的是,它强化了学生的语言应用能力。通过阅读，学生能够积累大量词汇和语法结构，这对于提升他们的听、说、读、写技能至关重要。阅读过程中遇到的语言点和表达方式对学生来说是实际语言应用的宝贵资源。他们可以将这些语言知识应用于写作和口语交流中，从而提高语言表达的准确性和流畅性。此外，阅读还能激发学生对英语学习的兴趣，使他们在探索语言的过程中发现学习的乐趣，进而激发持续学习的动力。

（三）促进个人全面发展

高校英语阅读教学不仅能提高学生的语言应用能力，还能促进其个人素质的全面发展。阅读使学生接触到丰富多样的知识，能激发其对世界的好奇心和探究欲，培养其终身学习的意识和能力。同时，阅读还能提升学生的文化素养，帮助他们建立正确的价值观和世界观。高校英语阅读教学还能培养学生的自我管理能力和时间管理能力。在阅读学习过程中，学生需要独立安排学习时间，制订学习计划，这对于培养他们的自我管理能力和时间管理能力具有重要意义。此外，通过阅读，学生还能培养自己的耐心和毅力，学会在面对困难和挫折时不轻易放弃，持之以恒地追求自己的目标。

三、高校英语阅读教学方法实践

（一）移动学习法

在移动应用市场上，针对英语阅读的应用大致可以划分为四大类别：以文学作品为核心的应用、以时事新闻为主的应用、以各种英语水平测试为焦点的应用以及与教学材料和辅助工具相关的应用。对于英语教师来说，他们可以教授学生如何利用这些基于移动端的资源优化英语阅读学习。

1.利用以文学作品为核心的应用

阅读英语文学作品是理解英语文化和语言深层含义的重要途径。英语教师可以推荐学生使用集丰富文学资源于一体的移动应用，如经典文学作品、现代小说、诗歌等。通过这些应用，学生不仅能接触到不同时期和风格的英语文学作品，还能通过应用内的注释、解析和讨论板块更深入地理解文本内容和语言风格。教师可以设计与文学作品相关的阅读任务和讨论活动，鼓励学生在阅读过程中思考和分析作品的主题、人物、情节及其对当今社会的影响。通过移动学习平台，学生可以随时随地进行阅读，并利用社交功能与同学和教师分享自己的想法与见解，从而提高阅读理解能力和批判性思维能力。

2.使用以时事新闻为主的应用

以时事新闻为主的移动应用可以帮助学生接触到最新的英语国家乃至全球的新闻，了解不同国家和地区的社会、政治、经济等方面的动态。这类应用通常提供多种形式的新闻报道，如文字、音频和视频，能够满足不同学生的学习需求和习惯。教师可以利用这类应用中的新闻，设计相关的阅读和讨论任务。例如，教师可以选择一个热点新闻话题，让学生进行深入阅读后，开展小组讨论或写作练习。这种方法不仅能提高学生的阅读理解能力，还能增强他们对国际时事的敏感性。

3.使用以各种英语水平测试为焦点的应用

以各种英语水平测试为焦点的应用提供了多种测试和练习，帮助学生评估和提升自己的英语阅读能力。这类应用通常包括词汇量测试、语法练习和模拟阅读理解题等，能够让学生了解自己在英语阅读方面的强项和弱点。教师可以指导学生定期使用这些应用进行自我评估，并根据测试结果调整个人的学习计划。教师也可以将这些应用提供的练习和模拟题作为课堂教学的补充材料，通过系统性的练习帮助学生巩固所学知识，提高阅读效率和理解能力。

4.与教学材料和辅助工具相关的应用

教学材料和辅助工具类应用提供了丰富的教学资源和学习工具，如电子词典、语法指南、笔记工具和组织工具等。这些工具不仅能帮助学生更高效地进行阅读学习，还能提升他们的学习体验。教师可以教授学生如何有效地利用这些工具来支持自己的阅读学习。例如，通过电子词典快速查找生词的意义和用法，利用笔记工具记录重要信息和心得体会，或使用组织工具规划自己的学习进度。这些技能不仅有助于提高阅读效率，还能培养学生的自主学习能力和信息管理能力。

高校英语阅读教学中的移动学习法具有显著的优势，但在实施过程中也需要注意一些关键事项以确保教学效果。

其一，适应学生水平的材料选择和阶段性教学。在高校教学环境中，学生的英语水平差异较大，因此选择适应各个水平的教学材料至关重要。移动阅读应用可以通过初始的水平评估测试，为学生推荐适合其阅读能力的材料，避免过难或过易的内容，从而确保学生能在自己的舒适区内进行学习。例如，对于初级英语学习者，可以提供基础水平的短文和简单的新闻报道；而对于高级英语学习者，则可以提供更复杂的学术文章或专业材料。

其二，整合视听多模态学习资源。移动学习法特别适合于整合视觉和听觉的多模态学习资源。通过将阅读材料与相应的听力材料结合使用，学生可以在阅读的同时听到原声朗读，这不仅增强了学生对材料内容的记忆，还提高了他们对语言节奏和发音的感知能力。例如，在商务英语课程中，学生除了阅读商务案例和文章，还可以通过应用听这些材料的英语原声朗读，从而更好地理解文章的语境和语言细节。

（二）批注式阅读法

批注式阅读法是一种将主动学习理念融入阅读过程的教学方法，尤其适用于高校英语阅读教学。此方法的核心在于鼓励学生在阅读过程中进行主动思考和深度互动，通过个性化批注加深对文本的理解和分析。

1. 主动参与和深度思考的推动

批注式阅读法鼓励学生在阅读过程中不应被动接收信息，而要积极参与文本的深度解析。在这一过程中，学生被要求对文本的关键部分进行标注，包括不理解的内容、重要观点、作者的论点等，学生不仅仅是在识记信息，更是在思考问题和分析问题，这对于提高阅读理解能力、批判性思维能力和解决问题能力具有重要意义。

2.灵活多样的批注方式

批注的方式多种多样，不仅可以是文字批注、符号批注，还可以是数字化媒介中的音频或视频批注。这种多样化的批注方式增加了学生与文本互动的深度和广度，使学习过程更加生动和有趣。在数字化阅读环境下，学生可以利用各种批注工具进行更加丰富和灵活的批注活动，如在电子书中直接进行文字批注，或者使用批注软件进行更为复杂的分析和讨论。

3.促进写作和沟通能力的提升

学生可以将自己的批注与同学或教师分享，进行深入的讨论和交流，这有助于提高学生的沟通能力和协作能力。此外，批注过程中的写作练习也是提升学生写作能力的有效途径，特别是在表达个人观点和评价方面。

4.促进自主学习和终身学习能力的培养

批注式阅读法鼓励学生自主探索和分析文本，培养他们的自学能力和解决问题能力。通过对文本的深入批注和分析，学生可以学会如何独立思考、如何提出问题以及如何寻找答案，这些技能对于他们的终身学习具有重要意义。

第四节　互联网环境下高校英语写作教学创新实践

一、高校英语写作教学内容

高校英语写作教学是高校英语专业教育中的重要组成部分，它不仅能提升学生的语言表达能力，还能培养他们的思维和创造力。

(一) 基本写作技能的培养

高校英语写作教学的首要任务是培养学生掌握英语写作的基本技能，其中包括语法、句型结构、词汇、标点的正确使用以及拼写的准确性。在教学过程中，教师需要通过各种练习，如改错练习、句子构建练习等，来加强学生这方面的技能。此外，教师也应该教授学生如何有效地组织文章，包括引言、主体和结论的编排，以及段落之间的逻辑连贯性。通过这些训练，学生能够逐步建立起自己的写作框架，并在实践中不断提高。

(二) 不同文体写作的训练

英语写作不仅限于学术论文，还包括多种文体，如记叙文、议论文、说明文等。在高校英语写作教学中，教师应当引导学生尝试不同的写作文体，这有助于扩展学生的写作视野并增强他们的写作灵活性。例如，记叙文的写作练习可以帮助学生学习如何讲故事，而议论文的写作练习则可以锻炼学生的论证和逻辑思维能力。通过对不同文体的练习，学生能够了解各种文体的特点，并能根据不同的写作目的和场合选择合适的文体。

(三) 思维和创造力的培养

高校英语写作教学的重点是激发学生的思维和创造力。写作不仅是语言能力的体现，还是思维和创造力的展现。在教学过程中，教师应当鼓励学生积极思考，挑战传统观念，创造性地表达自己的想法和观点。这可以通过组织一些开放性的写作主题、鼓励学生进行自由写作以及开展同行评审等活动来实现。此外，教师还应该引导学生进行丰富的阅读，因为广泛的阅读不仅能提供写作灵感，还能帮助学生学习和借鉴优秀的写作风格。通过这些活动，学生的思维方式会更加开阔，创造力和表达能力也会得到显著提升。

二、高校英语写作教学的意义

(一) 提高综合交际能力

高校英语写作教学不仅是语言学习的重要组成部分，而且是提升学生综合交际能力的关键环节。高校写作教学强调了深度思考、逻辑推理和信息组织能力的培养，这些都是有效的口头和书面交际不可或缺的能力。通过学习写作，学生不仅能在学术和职业领域中提高自己的竞争力，如撰写研究论文或商业报告，也能在日常生活中，如在电子邮件和社交媒体交流中更有效地传达信息。在经济全球化背景下，较强的写作能力有利于人们进行跨文化交际，帮助人们跨越地理和文化界限，促进对多元文化的理解和接纳。

（二）提高词汇和语法应用能力

英语写作是加强词汇和语法应用能力的有效方法。在写作过程中，学生必须准确地使用每个单词和标点符号，以清晰、连贯和符合逻辑的语言表达观点。这不仅提高了学生的写作能力，也增强了他们对语言的整体理解，包括阅读和听力。因此，高校英语写作教学不仅是教授学生进行书面表达的过程，还是全面提升学生语言应用能力的过程。

三、高校英语写作教学方法实践

在互联网环境下，高校英语写作教学可以采用多种创新方法，旨在提高学生的写作兴趣、能力和交际技巧。

（一）情景写作法

情景写作法是利用多媒体技术和设备，教师可以创造生动的写作情景，如展示相关的图片、视频或动画，激发学生的写作灵感。这种方法可以让学生在一个具体的情景下思考和写作，从而更好地理解写作主题和深入挖掘内容。例如，在讨论环保问题时，展示与环保相关的视频，让学生基于所见情景撰写一篇关于环保的议论文。这种情景写作法不仅能提高学生的语言表达能力，还能增强他们对实际问题的认识和思考能力。

（二）交流写作法

交流写作法是教师可以利用校园网上的论坛或社交媒体平台带领

学生进行写作练习。这种方法可以鼓励学生在写作过程中进行互动交流，提高他们的参与度和学习兴趣。例如，教师可以在论坛上发布写作主题，学生在完成作业后将作文发布在论坛上，以便其他学生阅读和评论。这种互动不仅促进了学生之间的交流，还有助于提升学生的写作水平和批判性思维能力。

（三）一体化写作法

一体化写作法强调将阅读和写作紧密结合起来，以阅读为基础，提升写作能力。例如，教师可以指导学生阅读特定的英语文章或故事，并基于阅读内容进行写作练习。学生可以在阅读过程中学习新的词汇、短语和表达方式，并将这些知识应用到自己的写作中。这种方法不仅能增强学生的语言理解能力，还能提高他们的创造性思维能力和写作技巧。

（四）电子邮件写作法

电子邮件写作法可以让学生在实际的交际环境中练习写作。通过电子邮件与国际笔友进行交流，学生可以在真实的社交情景中练习书面表达，从而提高写作技能和跨文化交际能力。例如，学生可以通过电子邮件与来自不同国家的人交流关于文化、兴趣或日常生活的话题，这种方式不仅能提高学生的写作能力，还能增进他们对不同文化的理解和尊重。

第五节 互联网环境下高校英语翻译教学创新实践

一、高校英语翻译教学内容

高校英语翻译教学主要包括以下四个方面的内容。

（一）基础翻译技巧训练

高校英语翻译教学的首要目标是教授学生基本的翻译技巧和方法，其中包括理解和掌握源语言文本的意义，正确使用目标语言表达源语言内容。基础翻译技巧训练不仅要求学生具备良好的语言知识，包括丰富的词汇量、熟练的语法知识和准确的语言感知，还要求他们理解不同语言之间的差异和特点。例如，教师可以通过翻译练习或案例分析，帮助学生掌握不同语言中的搭配、语义差异和文化内涵等。此外，基础翻译技巧的训练还应涵盖不同类型的文本，如新闻、文学作品、科技文献等，以提高学生的翻译能力和适应能力。

（二）文化背景知识传授

高校英语翻译教学中的一个重要内容是传授文化背景知识。翻译不仅仅是语言的转换，更是文化的传递。学生需要了解源语言和目标语言的文化背景，包括历史、习俗、宗教和社会习惯等方面的知识。了解这些文化背景知识有助于学生更好地把握文本的深层含义，避免翻译中的文化误解或偏差。例如，教师可以通过分析具有文化特色的文本，如成语、俚语或具有特定文化背景的文学作品，让学生学会如何进行恰当的翻译。

（三）翻译理论的学习与实践

翻译理论为学生提供了一个更加系统和深入理解翻译的框架。高校英语翻译教学中应当包括翻译理论的学习，如直译与意译的原则、等效翻译理论、功能主义翻译理论等。学习翻译理论不仅能提高学生对翻译活动的认识，还有助于他们进行更好的翻译实践。除此以外，翻译实践是对理论知识的应用，通过实际的翻译练习，学生可以将理论知识与实际操作相结合，提高翻译技能和应对各种翻译难题的能力。

（四）专业领域翻译教学

除了一般性的翻译技能和理论知识外，专业领域的翻译教学也是非常重要的，其中包括商务翻译、法律翻译、医学翻译等领域的专业知识。在这些专业领域中，学生不仅需要精确的语言转换能力，还需要对特定领域的专业术语和背景知识有深入的理解。例如，在教授法律翻译时，教师不仅需要教授学生法律术语的准确翻译，还需要让他们了解不同法律体系的差异和特点。专业领域翻译教学有助于学生在未来的职业生涯中更好地适应和应对专业领域的翻译需求。

二、高校英语翻译教学的意义

(一)深化语言理解和掌握

翻译作为一种语言学习的手段,对于深化学生对外语的理解和掌握至关重要。通过翻译练习,学生不仅能加深对词汇、语法结构的理解,还能学习如何将这些语言知识灵活运用到不同的语境中。高校英语翻译教学强调对比分析两种语言的差异和联系,这不仅能帮助学生更好地理解英语的特点和风格,还能促使他们更深入地思考语言的本质和功能。例如,通过将中文文本翻译成英文,学生能够理解英汉两种语言在表达方式、句式结构和文化内涵上的不同,从而提升对外语的综合运用能力。

(二)促进跨文化交际

在经济全球化的背景下,翻译不仅是语言学习的手段,还是实现跨文化交际的桥梁。高校英语翻译教学通过提供真实的交际场景,让学生在翻译实践中接触和理解不同文化背景下的语言表达和思维方式。这种跨文化交际的训练不仅能提高学生的语言技能,还能培养学生的全球化视野。通过翻译活动,学生能够学习如何正确理解和表达不同文化背景下的信息,如何在保持原意的同时进行适当的文化调适,以及如何解决文化差异带来的交际障碍。这些能力对于他们未来在多元文化环境中的学习、工作和生活具有重大意义。

(三)提升专业技能和就业竞争力

高校英语翻译教学不仅能提高学生的语言能力,还能增强其专业技能和就业市场的竞争力。在众多行业中,如国际贸易、法律、新闻传媒、科技和文化产业等,熟练的翻译能力被视为一项宝贵的专业技能。通过系统的翻译教学,学生不仅学习到如何准确、高效地进行语言

第七章 互联网环境下高校英语技能教学创新实践

转换,还能了解特定领域的术语和表达习惯。这种专业化的翻译技能使他们在未来的职业生涯中更具竞争力,能够在各种国际交流和合作中发挥重要作用。例如,商务翻译不仅需要对语言进行准确转换,还需要对商业术语和实践有深入的理解,而法律翻译则需要精确理解法律条文和法律语言的特点。因此,高校英语翻译教学在为学生提供语言技能的同时,也为他们的职业发展铺平了道路。

三、高校英语翻译教学方法实践

(一)建立完善的高校英语课程体系

在互联网环境下,传统高校英语课程体系早已无法满足时代发展的实际需求,为了使高校英语翻译教学得到创新发展,高校必须利用好网络资源,构建符合高校英语翻译教学发展需求的课程体系,并将其贯穿于整个英语教学的始终。对于大一、大二的学生,学校应重点开设英语基础课程,引导学生熟练、灵活地掌握与应用基础知识;对于大三学生,高校可以为其设置一些翻译方面的选修课,如跨文化交际、翻译理论与实践等。学生掌握了一定的英语基础和翻译知识后,教师可以为学生推荐一些有助于英语学习的网站,并在教学中为学生布置一些学习任务,当学生借助网络完成学习任务后再组织学生就学习成果开展课堂讨论。此外,教师还可以鼓励学生多阅读一些英美报刊,这不仅能帮助学生积累更丰富的英语词汇,提高阅读速度,还能促进学生翻译准确率和速度的逐步提高。

(二)整合数字资源,促进互动学习

在互联网时代,数字资源的多样性和丰富性为高校英语翻译教学提供了极大的便利。教师可以利用网络平台,如在线语料库、翻译软件、论坛等,为学生创造一个交互式学习环境。例如,教师可以利用实时更新的新闻网站或专业博客,让学生接触到最新的国际事件和专业领域的热点话题,这不仅增强了教学的时效性和实用性,还激发了学生的学习

兴趣。此外，教师可以鼓励学生利用翻译工具进行初步翻译，然后进行深入分析和讨论，提高他们的翻译能力和批判性思维能力。

（三）利用社交媒体增强学生参与感

社交媒体作为互联网的一个重要组成部分，为高校英语翻译教学提供了一个新的交流和学习平台。教师可以创建在线学习小组或论坛，鼓励学生在这些平台上分享翻译作品，互相提供反馈和建议。这种方式不仅促进了学生之间的交流合作，还增强了他们的团队协作能力。例如，学生可以在小组中分享对某一英文文章的翻译，其他学生则针对翻译的准确性、流畅性和文化适应性提出建议或评论。这种互动式学习模式能够有效提升学生的翻译技能和跨文化交际能力。

（四）强化跨文化交际训练

考虑到语言与文化之间的密切关系，高校英语翻译教学应重视跨文化交际能力的培养。教师可以设计一系列不同类型的翻译实践活动，如文化对比翻译等。例如，学生可以尝试将中文的成语或俗语翻译成英文，同时解释其文化背景和使用场景。这种练习不仅锻炼了学生的语言转换能力，还提高了他们对不同文化特点和差异的理解。通过这种实践，学生能够更好地理解语言之间的差异，提升自己在多元文化背景下的交际能力。

第八章 互联网环境下高校英语教师的专业发展

第一节 英语教师专业发展概述

一、教师专业发展的概念与内涵

教师专业发展是指教师在其职业生涯中持续学习和成长的完整过程。它不仅关注教师知识和技能的提升,也关注教师教学态度、信念和实践的改进。教师专业发展主要包括以下组成部分。

（一）持续性学习

持续性学习是教师专业发展的核心组成部分,强调教师需要不断更新和提升他们的教学知识与技能。在当今快速变化的教育环境中,教师面临着不断变化的教学方法、新兴的技术工具和日新月异的学生需求。因此,教师必须保持学习的热情,不断更新其教学方法。

这种持续性学习不仅发生在正式的教育培训和学术研究中,还在教师的日常生活中扮演着重要角色。非正式学习,如进行自我指导学习、学习在线课程、参加教育研讨会、阅读最新的教育类出版物,都是教师专业发展的重要组成部分。同样重要的是,教师应该通过参与教育社区、学校内部组织的研讨会和工作小组,以及在社交媒体的专业网络上,与同行交流教学经验和策略。持续性学习还包括对新趋势、新技术和新策略的了解。随着教育技术的快速发展,教师需要掌握如何有效利用这些技术来丰富教学内容和提升学生的学习体验。这不仅能提高教学质量，也能帮助学生在信息时代中获得必要的技能和知识。

（二）反思性实践

反思性实践是教师专业发展中不可或缺的一部分，它要求教师对自己的教学方法和课堂管理进行评估。通过这种自我反思，教师能够改进他们的教学实践，从而提高教学效果。

反思性实践通常包括对教学内容、教学方法、课堂互动和课堂管理等方面的评估。教师可以通过自我评估、同行评审、教学日志编写、教学实践录像或学生反馈等多种方式进行反思性实践。例如，教师可以在课后记录自己的教学感受和学生的反应，以便于后续的分析和改进。除此以外，反思性实践也包括对学生学习成效的评估。教师通过观察学生的学习进展和反应，可以更好地了解自己教学方法的有效性，并据此调整教学策略。这种实践不仅可以提高教师的教学技能，也可以使学生获得更多的学习成果。

（三）专业知识和技能的提升

教师专业发展还包括对教育理论、课程设计、教学方法和评估策略等方面的深入了解与掌握。随着教育领域的不断改革，教师需要不断地更新和扩展他们的专业知识，以便更有效地满足学生的学习需求。这种专业知识的提升不仅包括对学科内容的深入理解，还涉及教学方法和技术的掌握。例如，教师需要了解如何设计有效的课程计划，如何利用多种教学方法来适应不同学生的学习风格，如何应用各种评估工具来衡量学生的学习成果。

此外，教师也需要掌握如何有效利用教育技术，包括在线学习平台、多媒体工具和交互式教学软件等。这些技术不仅可以提高课堂教学的互动性、学生的参与度，还可以帮助教师更有效地管理课堂和评估学生的学习成果。通过专业知识和技能的提升，教师可以更好地适应教育领域的发展，并为学生提供更高质量的教学。

（四）职业态度和教育信念

教师的职业态度和教育信念是影响其教学实践的关键因素。在教师专业发展过程中，教师被鼓励培养积极的职业态度和坚定的教育信念。这些态度和信念不仅影响教师与学生的互动，也决定了教师如何设计课程、评估学生和使用教学资源。

积极的职业态度包括对教育的热爱、对学生的关怀和对教学成果的尊重。教师应该对所有学生持平等态度，认识到每个学生都有其独特性和潜力。同时，教师需要保持持续学习的态度，不断更新自己的教学方法和策略，以适应教育领域的变化。教育信念包括对教育目标和价值观的坚持，如信仰教育能够改变生活、促进社会公正和提升个人能力。这些信念指导教师在课堂上创造包容、积极的学习环境，激发学生的好奇心和学习热情。教师的教育信念还应包括对创新和多元化的开放态度，认识到教育方式和方法需要不断发展并适应多样化的学习需求。

（五）教育研究和创新

教育研究使教师能够更深入地理解教学过程和学习机制，而创新则有助于教师开发和试验新的教学方法、材料与工具。具体分析，参与教育研究包括在课堂上实施行动研究，这是一种教师参与并研究自己的教学实践以改进教育实践的方法。教师可以通过这种方式探索不同的教学策略，评估其对学生学习的影响，并据此做出调整。教师还可以参与更广泛的教育研究项目，与其他教育专家合作，分享经验，获取新知识。

创新是教师专业发展的另一个重要方面。这可能涉及开发新的教学材料，如互动教学软件或多媒体资源，或尝试新的教学方法，如翻转课堂或项目式学习。通过创新，教师不仅能够增强学生的学习体验，还能够提高教学效率和效果。教师通过创新实践，不仅能够提升自己的教学技能，也能够为教育领域贡献新的思路和方法。

二、英语教师专业发展的内涵

英语教师专业发展是指英语教师在其职业生涯中为提升教学技能、专业知识及教育理念而进行的持续学习和成长活动。它特别强调在经济全球化和多元文化背景下的教育实践。

（一）对英语作为国际交流语言的认识

英语在全球范围内作为交流语言的作用日益凸显。英语教师专业发展需要关注英语作为国际交流语言的特点和趋势。教师应了解英语在不同文化和社会环境中的使用情况，以及如何在教学中处理不同英语变体和口音，培养学生的跨文化交际能力。

（二）第二语言习得理论的学习与应用

英语教师专业发展包括对第二语言习得理论的深入学习与实际应用。教师需要了解语言学习的心理机制和认知机制以及不同的语言习得理论，如生成语言学、交际语言教学等。通过学习相关理论，英语教师能够更有效地制定教学策略，以支持学生的语言学习。

（三）专业伦理和终身学习态度的树立

英语教师专业发展还涉及专业伦理的遵守和终身学习态度的树立。教师应致力于提高教学的道德标准，如公平对待所有学生、维护学术诚信和尊重学生的隐私。同时，英语教师应具备终身学习的意识，持续更新自己的专业知识和教学方法，以应对不断变化的教育环境和学生需求。

（四）跨文化教学能力的提升

随着教育全球化的发展，英语教师越来越需要具备跨文化交际能力。这包括理解和尊重具有不同文化背景的学生，能够在课堂上有效地处理文化多样性。英语教师专业发展应注重提高教师对不同文化的理解和适应能力，以及在教学中融入多元文化元素，帮助学生建立全球视野，并获得文化敏感性。

（五）教育技术的融合和创新应用

在数字时代，教育技术成为英语教学的重要组成部分。英语教师专业发展需要关注如何将信息技术、网络资源和多媒体工具融入教学。这包括教师如何使用在线教学平台、教育软件、虚拟现实等技术手段提高教学效率和学习体验。同时，教师还需要探索如何创新使用这些技术来支持学生的个性化学习和协作学习。

第二节　互联网环境下高校英语教师的角色与素质

在互联网环境下，高校英语教师的角色与素质要求发生了显著变化，以适应快速发展的教育技术和多元化的学习需求。

一、导航者和协作者的角色

在互联网环境下，高校英语教师不仅是知识的传递者，还是学生学习旅程的导航者和协作者。教师需要引导学生在海量的网络信息中识别和利用对学习有益的资源。这要求教师不仅要具备丰富的专业知识，还要具备引导学生进行独立和批判性思考的能力。同时，教师需要与学生建立更加平等、互动的关系，一起探讨问题，共同寻找解决方案。在这个过程中，教师更像是学生学习的合作伙伴，而不仅仅是知识的传授者。

二、技术素养和应用能力

随着互联网技术的不断发展，高校英语教师需要具备较高的技术素养，包括熟悉各种教育软件、平台和工具的使用。教师不仅要有效地利用这些技术进行教学设计和教学实施，还要创新地融合技术和教学内容，提高教学的趣味性和互动性。例如，教师可以利用在线平台进行角色扮演活动，或者利用社交媒体进行英语写作和讨论。教师在技术应用方面的创新不仅能激发学生的学习兴趣，还能提高教学效果。

三、多元化教学策略

在互联网环境下，高校英语教师需要灵活运用多元化教学策略，可以采用个性化教学、混合式教学、翻转课堂等多种教学模式。教师应根据学生的不同背景、学习风格和需求，设计和调整教学方法。例如，对于不同水平的学生，教师可以提供差异化的学习材料和任务。此外，教师还应鼓励学生主动学习和参与，利用网络资源进行自我探索和发现。

四、远程教学技巧

在线教学和远程教学已成为现代教育体系的重要组成部分。高校英语教师应具备运用各类在线教学平台和工具的能力，其中包括了解不同平台的功能和优势，在这些平台上高效组织和管理教学内容，以及通过这些工具与学生进行互动和沟通。例如，教师可以通过线上平台安排作业、监测学生学习进度和开展实时互动，使学生保持学习动力。同时，教师需要了解在线教学的特点和局限，以及如何在虚拟环境中保持教学质量和学生的学习热情。

五、数据分析技能与评估

数据分析能力对于高校英语教师来说日益重要。在互联网环境下，教师可以获取和分析大量关于学生学习行为与表现的数据。这些数据可以帮助教师更好地了解学生的学习需求、识别教学中的问题和调整教学策略。例如，通过分析学生对在线练习的反应和成绩，教师可以找出哪部分学生掌握良好，哪部分学生需要进一步强化。此外，数据分析还可以用于评估教学方法的有效性和学生的学习成果。

六、信息沟通与协作能力

在数字化时代，高校英语教师的信息沟通与协作能力变得尤为重要。教师需要通过各种数字化渠道与学生、同事和家长保持有效沟通，其中包括利用电子邮件、社交媒体与在线教学平台发布信息和交流。例如，教师可以通过电子邮件发送课程更新内容和学习反馈，利用社交媒体分享有用的学习资源，或者在在线教学平台上组织讨论和协作活动。这样的沟通和协作不仅提高了教学效率，也加强了教育共同体的联系。

七、网络安全意识与道德规范意识

网络安全意识与道德规范意识对于高校英语教师来说极为重要。在数字化的教学环境中，教师需要教育学生关于网络安全的基本知识，如防止信息泄露和识别网络欺诈。同时，网络道德教育也是不可忽视的一环，教师应向学生灌输网络行为规范。例如，在开展基于网络的项目或论坛讨论时，教师应指导学生如何安全地分享信息以及如何尊重他人的意见和隐私。通过这些实践，教师不仅在传授英语知识，也在培养学生的网络公民意识和责任感。

第三节 互联网环境下高校英语教师专业发展的路径

在互联网环境下，高校英语教师的职业生涯面临着多种挑战，从信息检索技能的掌握到教育技术的应用，再到数据分析和在线教学技能的学习、应用等，都是高校英语教师专业发展道路上需要具备的专业素质。

一、系统化专业提升计划

（一）网络信息处理与评估能力培训

高校英语教师应通过培训提高自己的网络信息处理与评估能力。这个过程应该从基本的网络搜索技巧开始，逐渐扩展到高级的学术资源搜索和评估。培训可以涵盖各种搜索引擎和学术数据库的使用技巧。更重要的是，教师需要学会从海量信息中筛选出高质量和相关的资料，并将这些信息有效整合进课程设计中，其中包括评估信息的来源、确定作者的可信度以及整合来自不同来源的信息以构建全面的教学内容。这一过程不仅提高了教师的信息素养，还为学生提供了更丰富、更多元的学习材料。

（二）教育科技工具的掌握与应用

在数字化教学时代，掌握与应用教育科技工具已经成为每位教师的必备技能。从基础的 PPT 制作到复杂的在线教学平台操作，教师需要通过培训熟练掌握这些技术。此类培训可引导教师使用智能教学工具以增强课堂互动，如使用实时在线问答、电子投票等。同时，教师还需要了解在线教学平台的功能，比如，布置和批改作业、进行在线考试和监控学生学习进度。除此以外，多媒体内容制作的技能也至关重要，能够帮助教师制作更吸引人的教学视频和课件，增强教学的生动性和实效性。

（三）数据处理与应用技能提升

在个性化教学越发重要的今天，高校英语教师需要提升数据处理与应用技能。培训应该涵盖如何使用各种工具收集和分析学生数据，数据包括在线测试成绩、作业提交情况和课程互动数据等。通过专业的数据分析工具，如 Excel 和 SPSS（Statistical Package for the Social Sciences，统计产品与服务解决方案），教师能够对收集到的数据进行深入分析，据此调整教学方法和内容，更好地满足学生的学习需求。数据分析不仅有助于提高教学质量，还有助于教师的自我评估和职业发展。通过数据驱动的方法，教师可以客观地评价教学效果，发现并弥补自身的不足。

二、开展互动性教学与评价

（一）实际课堂应用与互动

在高校英语教学中，将理论转化为实际操作至关重要。教师应该在真实的课堂教学环境中运用所学的信息技术和数据分析技能。例如，在商务英语课堂教学中，教师利用智能白板和在线模拟工具创建真实的商务场景，不仅能提高学生的实际应用能力，还能增强他们对学习内容的兴趣。通过这种实践操作，学生能够更好地理解商务英语的实际应用，并在真实情境中学习和运用新知识。此外，教师还应利用在线平台布置作业和测验，然后利用数据分析工具评估学生的学习效果，进而提供针对性的指导和帮助。

（二）构建有效的反馈体系

构建一个有效的反馈体系对于高校英语教学尤为关键。这不仅包括对学生的学习成果进行及时反馈，也包括教师自我评价和同行评审。为了有效地评估教学效果和学生学习成效，教师应利用各种反馈工具，如在线问卷调查和学生反馈系统，来收集学生对课堂教学内容、教学方法和教学工具的看法。这些反馈将帮助教师了解学生的真实感受和需求，进而优化教学策略。同时，教师还应积极参与专业发展活动，如研讨会和同行评审，以获得同行的意见和建议。通过这种多方面的反馈，教师不仅能不断提高自身的教学技能，还能更好地适应学生多样化的学习需求，从而提高教学质量。

三、自我成长与终身学习

（一）持续关注教育动态

对于高校英语教师而言，紧跟教育领域的最新趋势和发展动态是提升专业能力的重要途径。这意味着教师应积极订阅与阅读相关的专业杂志、学术期刊和在线教育资源。例如，通过定期阅读《现代语言杂志》等刊物，教师可以了解当前语言教学的方法和理论，以及与语言教育相关的文化、技术和政策变化。此外，参与在线论坛和社交媒体群组，与同行进行交流和讨论，也是了解教育领域最新动态的有效方式。这些活动不仅能够帮助教师及时更新教学内容和方法，还能够激发新的教学灵感和创意。

（二）主动参与教育研究

积极参与教育研究和专业研讨会是高校英语教师专业成长的重要组成部分。通过参与各类研究项目，教师可以深入探究特定的教育问题，如学习策略、教学效果评估、课程设计等，从而更深入地了解教学过程和学习动态。参与研讨会和学术会议，教师不仅可以与其他教育专家分享经验和观点，还可以从其他专家那里学习新的教学方法和研究成果。积极参与这些活动和主动交流有助于教师不断更新自己的知识储备与教学技能，也能提高自己的学术影响力和专业地位。通过这些活动，教师可以在英语教学领域保持竞争力，同时对高校英语教育产生积极的影响。

四、跨界协作与资源整合

（一）跨学科教学协同

在高等教育中，高校英语教师应积极寻求与其他学科教师的合作，实现教学资源和专业知识的共享与融合。这种跨学科教学协同不仅可以拓宽学生的知识视野，还可以提高教学内容的实用性和趣味性。例如，英语教师可以与历史、政治等学科的教师合作，开发综合性课程。在这种课程中，学生能够学习到如何在不同文化背景下有效地使用英语。通过这种跨学科教学协同，教师不仅能丰富自己的教学内容，还能在教学方法和视角上获得灵感与创新。

第八章 互联网环境下高校英语教师的专业发展

（二）产学研结合

高校英语教师也应与企业和产业界密切合作，以确保教学内容与市场需求保持一致。通过与企业的合作，教师可以了解企业对英语能力的具体要求，从而更有针对性地设计课程和教学活动。这种合作还可以为学生提供实习机会，使他们能够在真实的工作环境中实践和提升英语技能。例如，教师可以与当地企业合作，设计面向特定行业的专业英语课程，如"国际贸易英语"或"医学英语"，使学生在学习英语的同时，能了解特定行业的术语和实务操作。这样的合作不仅有助于提高学生的专业英语应用能力，还有助于他们毕业后更好地适应工作环境。

五、建立在线学术社区

在高校英语教育领域，建立在线学术社区已经成为一种不可或缺的现代教育手段。社交媒体和专门的教育平台提供了丰富的机会，帮助教师解决诸多与教学直接相关的问题。

（一）资源共享的在线平台

在线学术社区是高校英语教师之间资源共享的重要平台。在这些社区中，教师可以上传并共享各种教学资源，如创新课件、模拟考试题、录音、视频教材等。这种共享模式不仅为教师减轻了准备教材的负担，还促进了创新。例如，通过共享不同的教学案例和材料，教师可以从中汲取灵感，实施更具针对性和创新性的教学策略。此外，资源共享还可以帮助教师跟上教育技术的最新发展，确保他们的教学内容和方法符合当前的教育趋势。

（二）在线教学研讨和经验分享

在线学术社区为高校英语教师提供了一个交流教学心得和经验的平台。教师可以在这些社区中分享自己在教学中遇到的挑战，探讨有效的教学策略，甚至共同解决特定的教学难题。例如，在教授专业英语时，教师可能会面临如何将抽象的专业概念转化为生动、易懂的教学内容的挑战。通过在线社区的讨论，教师可以获得来自同行的建议和解决方案，从而提高自己的教学技巧和效率。同时，这种经验交流也是教师专业成长的重要途径，尤其对于那些新进入教育行业的教师来说，他们可以快速了解高校英语教育的特点和要求，加速自己的职业适应过程。

（三）即时专业咨询和问题解决

在线学术社区对于高校英语教师来说，是一个宝贵的问题解答和专业咨询平台。在日常教学中，教师难免会遇到各种技术和教学挑战。通过这个平台，他们可以实时发布自己遇到的困难，比如，在利用最新的教学工具或处理特定学生问题时的具体问题，然后从其他经验丰富的教师或专家那里获得建议和解决方案。这种及时的互动交流可以帮助教师迅速解决教学中的实际问题，减轻工作压力，同时提升教学效果。

（四）专题讨论与知识深化

为了更有效地满足高校英语教学的特定需求，在线学术社区可以组织专题讨论或设立子板块，针对特定主题进行深入交流。例如，在线学术社区可以举办关于如何将最新的教育技术融入英语课堂的讨论，或者讨论如何提高非英语专业学生的语言能力。这样的专题讨论有助于教师分享经验、寻找新的灵感和方法，同时为他们在教学领域内的持续专业成长提供支持。通过这种方式，教师不仅能获得解决具体问题的方法，还能通过交流和学习不断提升自己的教学能力与专业素养。

参考文献

[1] 唐俊红. 互联网＋英语教学 [M]. 北京：新华出版社，2018.

[2] 杨艳. 英语教学创新研究 [M]. 长春：吉林人民出版社，2019.

[3] 苑丽英. 互联网＋视域下大学英语教学的创新探索 [M]. 长春：吉林人民出版社，2019.

[4] 程亚品. "互联网＋"时代下信息技术与英语教学的深度融合 [M]. 天津：天津科学技术出版社，2019.

[5] 陈细竹，苏远芸. 大学英语教学模式的革新与发展研究 [M]. 长春：吉林人民出版社，2021.

[6] 魏微. 大学英语教学基础理论与实践研究 [M]. 长春：吉林人民出版社，2020.

[7] 杨连瑞，肖建芳. 英语教学艺术论 [M]. 南宁：广西教育出版社，2003.

[8] 李晓玲. 大学英语教学方法研究 [M]. 西安：陕西科学技术出版社，2020.

[9] 曲晨晖，叶娜，孙莉莉. 基于网络环境的大学英语教学理论与实践研究 [M]. 长春：吉林人民出版社，2022.

[10] 丁睿. 大学英语教学发展研究 [M]. 长春：吉林人民出版社，2019.

[11] 石玉. "互联网＋"背景下商务英语实践教学模式的创新路径 [J]. 校园英语，2023（14）：40-42.

[12] 廉玲玲. 信息化背景下大学英语课程思政实施路径分析[J]. 校园英语, 2023（7）：25-27.

[13] 庄文静. "互联网+"背景下的大学英语教育创新发展[J]. 校园英语, 2022（46）：49-51.

[14] 张红. "互联网+教育"背景下对英语教育的思考[J]. 校园英语, 2022（37）：180-182.

[15] 姜男. 互联网技术下的大学英语线上线下混合教学分析[J]. 校园英语, 2021（45）：32-34.

[16] 段海萍. "互联网+"视角下大学英语教育教学法探究[J]. 校园英语, 2021（28）：8-9.

[17] 赵丹丹, 林子靖. "互联网+教育"模式下高等教育信息化现状调查分析[J]. 校园英语, 2020（52）：27-28.

[18] 刘晓宇. 新媒体视角下高校英语教育的创新发展路径研究[J]. 校园英语, 2020（44）：49-50.

[19] 李海静. "互联网+"视域下大学英语教学方法改革研究[J]. 校园英语, 2020（43）：22-23.

[20] 李薇. 探析"互联网+"思维模式下大学英语的教学方法[J]. 校园英语, 2020（42）：24-25.

[21] 陶文雯. 中国英语在线教育发展历程探究[J]. 海外英语, 2023（19）：128-130.

[22] 杨倩. 英语教学理论与现代化互联网教育技术研究[J]. 海外英语, 2022（19）：115-116.

[23] 易雪. "互联网+"时代高校公共外语教师专业发展策略研究[J]. 海外英语, 2022（19）：153-155.

[24] 文雯, 宁博. "互联网+"大学英语智慧教学[J]. 海外英语, 2022（8）：139-140.

[25] 刘佳良, 宁博. "互联网+"背景下的大学英语教育创新发展[J]. 海

外英语，2022（6）：134-135.

[26] 马淑娟. 基于互联网实时对话的大学英语口语教学研究[J]. 海外英语，2021（4）：136-137.

[27] 张霞. 基于"互联网+"大学英语翻译教学模式创新研究[J]. 海外英语，2020（16）：67-68.

[28] 陈琳. 慕课背景下大学英语教育的现状与对策[J]. 海外英语，2020（14）：124-125.

[29] 魏欢."互联网+"视域下大学英语教学方法探讨[J]. 海外英语，2020（13）：124-125.

[30] 李大荺. 基于"互联网+"的大学英语自主学习教学模式[J]. 海外英语，2020（4）：120-121.

[31] 廖燕."互联网+教育"背景下对英语教育的思考[J]. 英语教师，2023，23（15）：106-109.

[32] 吕晶晶."互联网+"视阈下高校英语专业教学创新实践[J]. 英语教师，2020，20（15）：101-103.

[33] 张雪慧."互联网+"视域下大学英语教学创新探索[J]. 英语教师，2020，20（14）：66-67.

[34] 孙雪峰."互联网+"背景下大学英语教学生态模式研究[J]. 英语教师，2019，19（1）：6-7，19.

[35] 李艳霞."互联网+教育"模式在大学英语教育中的应用[J]. 现代英语，2021（21）：79-81.

[36] 冯洋洋."互联网+"背景下大学英语课程思政创新模式研究[J]. 现代英语，2021（21）：82-84.

[37] 张瑞菊."互联网+"背景下大学生英语能力培养分析[J]. 数字通信世界，2021（10）：263-264.

[38] 胡榕. 互联网环境下对英语教育专业建设的思考及其改革策略研究[J]. 江西电力职业技术学院学报，2021，34（9）：65-66.

[39] 周莹. 浅谈高校在线英语教育的创新发展 [J]. 浙江工商职业技术学院学报，2021，20（3）：86-88.

[40] 张宇晴. "互联网+"背景下的大学英语分级教学模式探究 [J]. 英语广场，2021（24）：78-80.

[41] 霍悦. 新媒体时代高校英语教育教学创新应用研究 [J]. 新闻研究导刊，2023，14（24）：154-156.

[42] 党瑞红. 基于大数据的大学英语个性化教学平台的设计与实现 [J]. 山东商业职业技术学院学报，2023，23（6）：54-57.

[43] 史丽珍. 人工智能时代大学英语生态教学模式构建探究 [J]. 湖北开放职业学院学报，2023，36（21）：149-150，153.

[44] 陶文雯. 中国英语在线教育发展历程探究 [J]. 海外英语，2023（19）：128-130.

[45] 郭笑宁. "互联网+"时代高校英语教育优化与创新 [J]. 中国新通信，2023，25（11）：191-193.

[46] 沈倩. "文化自信+互联网"赋能高职英语教育的策略研究 [J]. 太原城市职业技术学院学报，2023（4）：1-4.

[47] 谢芳. "互联网+"背景下大学英语教学的发展、困境与对策 [J]. 科教导刊，2023（12）：64-66.

[48] 陈薇薇. 新媒体应用于英语教育模式创新的策略探析 [J]. 新闻研究导刊，2023，14（7）：197-200.

[49] 张弛. "互联网+"时代基于OBE理念的大学英语多模态教学研究 [J]. 中国新通信，2023，25（7）：203-205.

[50] 林瑾瑶. 移动媒体视野下英语教育的线下互动研究 [J]. 江西电力职业技术学院学报，2023，36（2）：125-127.

[51] 张墨飞. 新媒体视角下高校英语教育的创新发展路径研究 [J]. 教育教学论坛，2023（6）：62-65.

[52] 吕文静. "互联网+"背景下大学英语教学改革方向的探索 [J]. 江西

电力职业技术学院学报，2023，36（1）：61-63.

[53] 杨倩. 英语教学理论与现代化互联网教育技术研究 [J]. 海外英语，2022（19）：115-116.

[54] 马志娟. 互联网视角下英语听力混合式教学模式探索与实践 [J]. 现代英语，2022（18）：29-32.

[55] 谢娜. 新时期大学英语教育的重要性及探索途径 [J]. 现代英语，2022（18）：111-114.

[56] 袁雪. 大学英语教育中学生文化自信的培育探索 [J]. 普洱学院学报，2022，38（3）：106-108.

[57] 郭姗姗."互联网+教育"模式在大学英语教育中的应用 [J]. 中国多媒体与网络教学学报（上旬刊），2022（6）：9-12.

[58] 杜泽兵."互联网+"背景下的高校英语教学策略 [J]. 山西财经大学学报，2022，44（增刊1）：187-189.